防范涉税"陷阱"与风险

郝龙航　徐进　张湄
王祥　薛行生　包玖珍　王丽艳

著

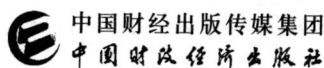

中国财经出版传媒集团
中国财政经济出版社

图书在版编目(CIP)数据

防范涉税"陷阱"与风险/郝龙航等著. -- 北京：中国财政经济出版社，2023.10
ISBN 978-7-5223-2518-7

Ⅰ.①防… Ⅱ.①郝… Ⅲ.①税收管理—风险管理—研究—中国 Ⅳ.①F812.423

中国国家版本馆CIP数据核字（2023）第187522号

责任编辑：陈志伟	责任印制：史大鹏
责任校对：徐艳丽	责任设计：MXK DESIGN STUDIO Q:1765628429

防范涉税"陷阱"与风险
FANGFAN SHESHUI "XIANJING" YU FENGXIAN

中国财政经济出版社 出版
URL: http://www.cfeph.cn
E-mail: cfeph@cfemg.cn
（版权所有　翻印必究）
社址：北京市海淀区阜成路甲28号　邮政编码：100142
营销中心电话：010-88191522
天猫网店：中国财政经济出版社旗舰店
网址：https://zgczjjcbs.tmall.com
北京时捷印刷有限公司印刷　各地新华书店经销
成品尺寸：130mm×185mm　32开　8.5印张　143 000字
2023年10月第1版　2023年10月北京第1次印刷
定价：58.00元
ISBN 978-7-5223-2518-7
（图书出现印装问题，本社负责调换，电话：010-88190548）
本社质量投诉电话：010-88190744
打击盗版举报热线：010-88191661　QQ：2242791300

前言

本书所称税务"陷阱"(以下称"陷阱"),不是指税收政策本身存在"陷阱",而是基于纳税合规的视角,引导读者更好地结合自己的业务来适用恰当的、合理的税收政策,从而减少理解偏差与误判,防范风险,减少损失,既顺应国家财税政策的导向,又能实现正当的经济价值。

笔者发现,在现实中,基于个人对税收政策的认知偏差,存在着较多误判、误用的情形;基于对不当利益的贪念,也或多或少地存在一些涉税违规的情形:

一是"不知者误入陷阱"。本来纳税人并无"逃避税"的想法,因为不了解政策或错误理解政策,所以要承担不可预期的额外的滞纳金与罚款的情形。

二是"聪明反被聪明误而落入规则陷阱"。有人因贪念过重,极致地利用税收条款的书面文字之意或政策漏洞、征管疏漏去追求税收利益,最终可能"偷鸡不成蚀把米"。

三是"误入歧途"。因为迷信专家或中介机构的"筹划"意见,或者偏信朋友的经验,缺乏自我评判的专业能力,结果是"盲人骑瞎马",可能误入违法违规的境地。

四是"冒违法风险自挖陷阱"。明知违法违规却为之,结果可能被追究行政责任或刑事责任,落入自己挖的陷阱之中。

上述所列举的"陷阱"情形,究其原因主要有以下四点:

第一,我国税法体系复杂,且修修补补的解释性文件众多,导致理解难度较高,偏差频显,知其一但不一定知其二;同时税收政策的更新变化非常快,税制改革日新月异,一日不学就容易落伍。所以涉税业务是一项技术性非常强的专业工作,没有5年以上的税务从业经历,很难成为一位独当一面的专家。

第二,从2021年开始,国家开始强化税收征管,更加严厉地打击税收违法犯罪行为,更加关注高净值与高收入人士的涉税合规管理，更加强化对资本市场的所得税监控与核查，一系列涉及逃避税的案件浮现出来。

第三，个人的侥幸心理使然。曾几何时，"胜者为王"的心理超越了法律保护的边界，受"干一把就收"的赌徒心理驱使，既缺乏相应的法律意识，又没有风险隔离意识，尝到甜头后，很难收手。在利益面前，某些人铤而走险，最终身陷囹圄。比如那些对外虚开发票挣"税点"、骗取财政补贴、骗取出口退税的行为，均是赤裸裸的违法，这些行为不是本书所探讨的"陷阱"范畴之事。

第四，关联风险影响。在诸如行贿受贿、洗钱、走私、电信欺诈、民间借贷等案件中，往往涉及税收方面的问题，这时候相关部门也可能将这些案件的信息转交给税务部门进行立案稽查，这种情形下的连锁风险，也是要谨慎应对处理的。税收因素可能成为"压死骆驼的最后一根稻草"。

既然有税务陷阱，就需要考虑防范措施，我们可以从三个层面来看。一是从老板层面来看，作为企业的实际控制人，很多决策的形成源自其本人的成长经历、知识储备及所处环境等，若其心态过于自信或过于冒险，一个决策，一个行为，都可能给自己挖下陷阱，甚至走上一条不归之路。近朱者赤，近墨者黑。老板也有自己的朋友圈，很多问题可能源于彼此间的模仿。二是从企业运营的角度来看，当企业的某些高管、业务人员基于业绩或自身对风险认识不充分的情形下，发生虚构交易、以不当方式非法取得发票抵账、侵占公司资产等行为，也可能带来不可控的涉税风险。三是专业辅助人员的风险，比如有些企业的法务人员，当其专业能力欠缺、不懂装懂、"天不怕地不怕"时，很可能造成决策失误。

国家在深化税收征管改革过程中，一批依法惩治的涉税、涉票方面的样本案例的发布，其所带来的警示作用，让人们见识到了税收法治的力度，老板们已敏锐地认识到违法违规的风险代价，意识上有了非常大的转变。笔者认为，随着越来越多的"二代"接班并开始进入企业的决策层，他们对财富有了不一样的认识，对新事物的接受能力比较强，见多识广，对法律风险意识更加敏感，也更愿意为知识付费。

新冠疫情之下，一些企业的经营出现了问题，这种情形下很可能放松对自己的要求。笔者希望，通过我们的分享，发挥正向引导价值，助力创业者和企业家，既能坚守合规底线，又能创新税收价值，避免误入歧途，规避经济损失与法律责任。

本书在写作过程当中得到了一些好友的支持、指导与关爱，包括钟良（大牛无形）、严高军、金宁等老师的指导与内容上的复核协助。以善之心，以专所长，希望正能量的你我，为己、为人、为国，一起努力吧！

郝龙航
2023年9月

目录

1 恰当理解"陷阱" // 001

- 1.1 陷阱是预期之外的偶然 // 004
- 1.2 交易的多样性、创新性决定了陷阱的多发性 // 005
- 1.3 防范陷阱的能力是一种竞争力的体现 // 007
- 1.4 本章小结 // 008

2 组织设立与搭配 // 011

- 2.1 选择的节点之痛 // 012
- 2.2 纳税义务形成之后的愿景陷阱 // 021
- 2.3 纳税义务的隔离功能 // 027
- 2.4 好政策却没用好又能怨谁呢 // 035
- 2.5 "左口袋"装"右口袋"为何要计缴税款 // 044
- 2.6 本章小结 // 049

3 商务与交易活动 // 051

- 3.1 转借款项无形中"多"了一道税 // 054
- 3.2 "价外费用"带来的额外税收成本 // 061
- 3.3 再付一遍款项成本认可了 // 069
- 3.4 股权转让价格计税的"坑" // 075
- 3.5 债权与债务随便互抵销账轻易要不得 // 091
- 3.6 业务主体与纳税主体之间的匹配陷阱 // 096
- 3.7 取得的增值税专用发票税率开具不准确的问题 // 099
- 3.8 "包税"合同几多愁 // 109
- 3.9 卖服务还是卖货物,看你想做什么 // 133
- 3.10 收不到钱一样要缴税,这个苦向谁诉说 // 141
- 3.11 本章小结 // 147

4 利益回报与给付 // 151

- 4.1 投资人从单位取得所得的形式有"多"不同 // 153
- 4.2 从哪个主体发薪酬是谁定的 // 158
- 4.3 找"包工头"雇人或平台提供服务规避社保要注意的问题 // 165
- 4.4 "企业买豪车避税"是不是要严查了 // 172
- 4.5 进退之道,挣钱与背负债务的问题 // 178
- 4.6 本章小结 // 185

5 面临法律责任之避险棋、防中招 // 189

- 5.1 选择服务"擦亮眼",避免引火烧身 // 191
- 5.2 利用关联交易"转移利润",相关责任定性有区别 // 210
- 5.3 税务问题不是朋友间的"义气之举"就能解决的 // 215
- 5.4 股东与高管之间的涉税涉票责任要厘清 // 220
- 5.5 给员工报销费用的违规责任如何厘清 // 225
- 5.6 本章小结 // 230

6 家族财富规划与资产安全性 // 235

- 6.1 是谁的钱、谁的资产 // 239
- 6.2 留给后代的钱应是"经得起合法检验的钱" // 241
- 6.3 财富传承方式的选择及风险 // 245
- 6.4 关于家族宪章方面的尝试 // 251
- 6.5 做好"拨备"准备 // 254
- 6.6 本章小结 // 256

后 记 // 259

恰当理解"陷阱"

俗话说"隔行如隔山""术业有专攻"。对于纷繁复杂的税收规则,若没有持续多年的学习与从业经历,往往只能触及皮毛而不得其要领,不知或知而不懂者甚多。就算天天听知名专家、大师的课程与参加培训,若没有自己的深度实践,未对其内容有选择地甄别与吸收,反而易迷失方向,掉入另外一个"唯大师是从、失去自信"的陷阱之中。繁杂的税收政策之下,有其"残酷的一面",尽管我们常言要有仁爱之心,俗语亦云"不知者不怪",但税收法定之事并不适用,往往"唯结果"来评判论处。笔者所经历、所遇到的一些因不经意、不小心误入计税陷阱之事,可谓刻骨铭心。那种带给老板、财务人员的无奈之感、懊悔之情,不可言说。

即使有同情者想帮忙，往往也难以突破征管的程序与既定的规则，历经种种努力也只能无功而返。对于已发生的涉税事项，往往已形成事实（包括客观表现和主观陈述用语等外表特征）。其涉税政策的适用，在判断上往往已形成了"法定结果"，难以完美地将事实推倒重来再"演一遍"。

可能有人提出来："为何税法这么缺乏仁爱之心，难道就不能宽容一些，让纳税人占一些便宜吗？"首先，笔者认为此非税法故意而为之，法律的制定及政策的实施落实本身并无过错，规则是公开的、透明的，通过一套完整的确认与计量规则，从而实现保障国家财政收入的目标，体现出税法的强制性、无偿性与固定性；其次，发挥税法的激励与调整功能，能够体现法律及其实施政策对经济、社会的引导与助推作用；最后，在设定纳税人的纳税义务时，赋予纳税人相应的权利，兼顾税法的公平性、合理性、保护性。整体而言，税法有其刚性的一面，不近人情；实施政策有其堵塞漏洞的一面，以防被利用、滥用而使国家税收利益受影响。当法的大原则加上一系列实施政策、征管规则，用文字表达出来后，就形成了非常复杂的税收规范体系，交易与计税规则之间的适配上可以形成多对多的关联关系。当主观选择与计税结果产生错位之后，当自己的"委屈"面对税法的刚性之时，自然会产生心理上的巨大落差，难免有不公平、被冤枉之感。其实规则就在那儿摆着，若是因自己不懂、误判等原因，引致不利结果，这能怪谁呢？

又有人提出来："我们哪有这么多精力学习与研究税法，现在生意不好做啊，睁眼就要挣钱，税法太复杂了，搞得简单些不好吗？"相信很多人会有这样的想法，甚至有人提出来："别让我们算税了，就给一个核定的比例，多少收入收多少点的税，多省事啊，还要请人做账、报税，又要有成本费用发生！"这其实是一个好问题，对于小微企业，直接核定行不行？当然可行，例如马路边的一些小商店、小饭馆，多数是个体工商户，可以核定方式计缴税款；但对于公司，对于规模较大的企业，并没有普遍性地给予核定收税的方式，而是要求查账征税，这是为什么呢？笔者认为，核定征税自然是简单的，但不一定是公平的，更不利于调节与引导国家鼓励的产业发展，税法对于经济的调控功能也会变弱。而且国家的产业统计、数据分析，离不开企业准确、完整的核算数据；资本市场公开、透明的数据，也来源于完整的记录与核算；计税数据源于会计核算数据，也就顺理成章了。近年来，财税部门严控不恰当的、滥用的个人所得税核定政策，以此堵塞偷逃税的漏洞，这也是不宜将核定扩大化的现实原因之一。

1.1 陷阱是预期之外的偶然

我们所说的"陷阱",是指超出预料或未知的一种偏差。林林总总的偏差,就事项本身来看,有一些是可以及时回头调整的;有一些是吃一堑、长一智型的,仅是可以承担的损失;也有一些可能就是"致命式"的,不仅仅是"破财",还可能带来牢狱之祸。另外,从补缴税款的角度来看,我们经常发现,这些偏差有些是时间性的影响,有些是永久性的影响,有时想明白这一点,心里的感觉是不一样的。

有人提出:"是不是进行了相应的税务筹划安排,就不会发生预料之外的偶然风险了?"笔者认为并非这样,因为筹划本身可能就是一个陷阱,由于贪婪与侥幸心理作祟,而"马失前蹄""聪明反被聪明误",这类情形时有发生。

不过话说回来,即使是税务专家,也不能保证在涉税事项处理上的绝对安全,对于税法及政策的理解具有可变性与差异性,有时会让陷阱变得时有时无,变幻莫测,这本身是一种挑战,也是一种变量。所以,有时候陷阱是随着法治环境、政策调整、人们的认识而变化的,它并不是固定地在某个地方等着有人"掉进去"。

曾闻某地有一位政策部门的负责人，其对某个问题的理解与全国多数地方的理解不一样，在其任期内非常坚持自己的观点，直至其退休后，关于该问题的理解才有了转变。

有的人对于陷阱的厌恶度比较高，提出："为了防范陷阱，我们宁愿多缴税，不去计较税收上的利益得失，就当积极做贡献了！"这当然未尝不可，但也不能由此百分之百地保证没有问题。笔者认为，风险是无法完全规避的，更何况投身商业从事经营的创业者，商场如战场，危机四伏，步步惊心。税收风险是一种行政风险，或进一步涉及刑事风险，与商业风险并存，风险只能有效地、努力地去预知、防范与应对，因厌恶程度的高低不同，风险发生的概率只存在或多或少的差异，而不大可能完全避免。

陷阱的偶然性中，也存在着一定的必然性因素！

1.2 交易的多样性、创新性决定了陷阱的多发性

当创新的经济模式不断出现与升级，当交易目标的实现路径越来越多样时，税务处理上的风险的不确定性也会随之发生，在计税判断与处理的过程中，陷阱会或多或少地存在。

此时可能有人提出："税收政策的滞后性，往往不能满足新经济发展之需，缺乏与之配套的计税规则，用传统政策的框架来理解与判断新经济的计税方式，是不合理的，这不是陷阱，这是一种拖后腿的情形！"笔者时常听到有人提出这样的疑惑甚至不满，税收政策确实难以"与时俱进"，因为税法本身的制定是一个很严谨的过程，一是立规矩、成章法；二是基于相应现实问题给予的疏解与处理，税收政策具有天然的滞后性，讨论税法层面上创新发明的空间没有太多意义。同时笔者认为，在成文法体系的判断理解中，基于原则或案例解决新问题的空间不足，拘泥于文字规定的理解与判断，往往造成了人为的风险不确定性。

在某项商业交易或合作关系中，交易标的、定价及时间安排，可能会影响税收的成本与负担。即使在同样的业务关系之中，大家的价格与利润是一致的，但因所涉主体、交付成果及其应税客体类型、结算周期、售后政策等存在差异，很可能产生不同的计税结果，这是一种选择性的风险影响。不恰当的选择、未做出有利选择，容易步入选择性的陷阱之中。

这种情形下的陷阱，往往是影响利益的选择性陷阱，是基于对合规的理解与遵从的程度下，企业老板习惯性思维的选择。

1.3 防范陷阱的能力是一种竞争力的体现

税款缴纳作为一项承担的成本，它的有或无，多或少，除了彰显对法的遵从、对行政制度的适用外，也表明了营业主体之间商业竞争力的高低。平时在理解这种竞争力时，往往会产生如下误区：

第一，计税规则是固定的，不可改变的。当一项交易行为实际发生后，其对应的计税判断与计算方式往往是固定相关联的；但是交易行为本身是可以选择以不同的方式来体现的，由不同形式的主体来完成的，正是因为存在选择性，才有了陷阱产生的差异化与个性化的体现。

第二，税收成本对于企业的影响，是利润，更是现金。企业能够生存、发展，进而在业界形成自己的商业优势，必须有更好的、可持续的利润创造能力及现金供给能力。

第三，顺应国家的产业激励政策，自动适应优惠配套政策。既然国家有引导的税收激励政策，有目的地去适配相应的政策并进行业务规划与参与，本身也是一种响应国家号召的体现。

曾听闻有的专家说："我有办法，可以让企业不纳税，一分钱都不用！"诚然，在某些交易中，比如企业重组的特殊性税务处理政策，是对税收的递延缴纳；再比如对于不动产交易中通过股权交易的方式进行规划搭建，是基于国家对改制重组的政策激励的考虑。笔者认为，利用税收的规则，在某些特定的交易场景中，可以达到理想的税费规避或减少的效果，但是，这往往是有条件的，绝非"天资聪慧"就能够轻易实现。在互联网兴起之前，由于信息的不对称，市场上的税务服务机构或人员，更多的是销售其掌握的"信息"，比如某个内部的文件、批复，某个地方的掌握口径等。现在，大家对于税务信息的掌握基本上没有差异了，所以，若用心来观察、支付适当的成本购买专业服务，在产业结构、交易流程、税收优惠等方面，可以实现适度的、有竞争力的税款计量方面的效果。"税收法定"在一定条件下、一定程度上是可以合理调整适配的。

1.4 本章小结

作为本书的开篇，本章意在表述笔者观察某些税务问题的现状，及由此产生的所惑、所思，并对某些共性事项进行梳理、分类及总结。我们期待两个方面的效果：一是从合规的角度，让纳税人知晓与掌握某些税务规则中"易出错"之处，避而远之；二是从收益计量的角度，在规避陷阱方面发挥出更好的规划价值。同时我们要知道，规则就是规则，它是由人制订的，并不是终极的、完美的，是随着实践不断变化与完善的。虽然不完美，当它作为法规政策发挥作用时，却是刚性的，即使有"漏洞或差错"，也是需要法定程序来修改完善的，而不能像"过家家"一样，说不执行就不执行。所以，所谓的陷阱，又有时代性的特点，是不断变化的。

首先要声明的是，"陷阱"不是税收征管部门故意"挖"的，是基于既定的规则之下，当纳税人的选择出现偏差，以致产生不利的后果。那么，要防范落入陷阱，自己应去掌握规则或者借第三方的力量协助规避，包括开始的选择、中间的执行、风险的应对方面，是全过程的。比如因酒驾发生交通事故时，要追责的是驾驶员，而不能追究卖酒人的过错；发生其他交通事故进行追责时，不能甩锅说是道路的问题，尽管道路有高有低，有急拐弯的情形，有路滑的情形，但它们不会因此而为你"背锅"，你可以埋怨它，但还是要承担自己的责任，这跟税法遵从有类似之处。

其次，误入陷阱往往会造成利益的额外流出或者涉及人身自由的问题，分为时间性的先行流出（以后得到转回补偿）或额外的永久性的流出。当一些税费支出由流入的利益抵销后还有盈余，其结果是所得变得少了一些;但也有一些税费支出,让利益"入不敷出"。前者还是有增量所得的,可以接受;后者却成了亏本的生意,让人感觉"不公平"。多数情形下,税法并没有给纳税人"从头再来"的选择机会。

最后,还有一些人想给税务干部挖"坑"。比如有时不讲实情只说对自己有利的,或者说某地有这样操作的、某某专家认为如何,甚至套用国外的政策、制度是如何先进、合理之类的"洗脑"说法,忽悠着让其认可,蒙混过关,这其实也存在同样的陷阱风险。

总之,规则之事,就以规则本身作为始点与过程,多观察、多学习、多思考、多问问、识风险,总会有所获益的,希望本书后面的小案例、小故事,会带给你不一样的收获与能力。

2

组织设立与搭配

在这一章中,我们主要针对创业者遇到的一些普遍性问题,结合税收因素进行相应的举例与分析,并努力做创新性的延伸,希望创业者在实践中活学活用而不是刻板地模仿。

笔者注意到一些税务方面的图书与文章,有的涉税分析观点过于关注某个细节,以偏概全;有的观点纯是个人的理解、地方性的观点,一叶障目,很容易产生误导;有的观点与结论过于轻率,忽略了依据来源及有风险的另一面。对于创业者而言,每天会主动或被动地接触非常多的自媒体信息,若盲目地追随,往往会失去思考的独立性与个性化。笔者认为,一定要有适合自己的见解,而不是去做一个模仿者。税法不同于自然科学,了解过、接触过、经历过,就会有所认识;很多时候,学习的理论越多,可能就会越迷茫。

笔者刚从事财税工作的时候,关于税务问题的学习渠道主要是通过图书及专家培训,那时会认为专家的意见是权威的、安全的,特别是当听到有的专家说:"××税务局的意见是不对的,政策规定是有问题的!"心里会想,这确实是"高人"。但是,随着从业经历的磨炼,慢慢地会发现:一是我们要解决的税务问题,是纳税人与行政机关之间的问题,不是简单的批判与抗议就能解决问题,也并非要争一个理论上的对与错;二是我们要"换位思考",税务干部发表观点与意见时需要考虑相应的政策支持,不能情感用事,专家嘴里的"快意恩仇",是专家的噱头;我们应有取舍地借鉴,不仅只当一个知识的复制者,而是要当一个创造者。从笔者的观察来看,"专家"的观点部分是经过演绎的,也有部分可能是杜撰的,而且有一些核心的"吃饭的看家本领"不一定会告诉你。从模仿到某些地方的超越,我们要相信自己成长的力量。

2.1 选择的节点之痛

很多人梦想有朝一日,自己创办的企业能够发展壮大,一骑绝尘,登陆资本市场,基业长青,家业兴旺,完成自己的华丽转身。这是不是多数生意人的梦想?但是现实当中的企业,更多的还是中小企业,创业人可能一直奔波在实现梦想的路上。当没有被资本市场的高溢价眷顾之时,老老实实地凭着自己的劳动与智慧,挣着心安理得的钱,才是现实之举。笔者接触的中小企业,往往有自己的会计,或者是代账的会计,其核心的功能主要是报税。因为报表的数据,老板自己也比较清楚,比如谁欠自己的账,自己又欠谁的账等。同时每个月缴纳多少税,老板们也会非常关注,纳税事项是财务工作的主要内容,纳税的多与少,更是老板特别敏感的事项。

当一个人要做生意的时候,选择什么样的"身份"作为经营主体,有许多现实问题需要注意(见表2-1)。

表2-1 不同经营主体身份的优缺点分析

主体载体	优点	缺点
个人	自由度高,取得的所得直接进个人腰包,基本上不需要考虑平时记账核算及报税事宜,运营成本低。个人所得税往往由支付方代扣代缴处理	法律风险直接关联,没有中间的隔离,所得类型多为劳务报酬,或者是经营所得,前者参与综合所得的年终汇算,后者不一定进行年终汇算。对于业务合作方的对接不方便,不能方便地给对方开具发票,对方也不方便银行转账处理;缺乏税收优惠政策充分适用的利用空间

续表

主体载体	优点	缺点
个体工商户	规模较小时可以享受到经营所得个人所得税的优惠或核定政策，属于自我可控型的经营主体，直接计缴个人所得税，不需计缴企业所得税	跟个人一样，承担无限连带责任；尚不能对外投资作为公司的股东
个人独资企业	同上，以经营所得计缴个税，无企业所得税	跟个人一样，承担无限连带责任；但可以对外投资作为公司股东
合伙企业	个人可以作为无限合伙人，也可以作为有限合伙人，个人合伙人按经营所得计缴个人所得税，合伙企业本身无企业所得税	涉及合伙关系的确定，是一种人合的合作关系，需要考虑承担的风险
公司	初期基本上是采取有限责任公司的方式，可以是一人股东的有限责任公司，也可以是多人股东的有限责任公司（股东最多为50人）；有限责任，利于隔离投资人风险，未来改制为股份有限公司挂牌或上市也方便	公司是企业所得税的纳税人，若个人投资人取得分红需计缴20%的个人所得税，整体计算的税负最高达到40%

分析：个人做生意，从事经营业务，往往需要一个"门头""门面"，无论是自立门户，还是与朋友一起合作创业，都需要一个投资人的身份，是什么样的企业，投资多少，担任什么职务，都要明确清楚。有一些文章给投资人支招，建议股东从持股比例入手，比如让自己有绝对的控制权，保障自己的决策权、管理权，保护自己的利益等。笔者认为，创业时，要在彼此尊重的基础

上,确定好各自的利益预期,并形成合力,搭配好管理权责,而不是简单地去想办法利用别人、防范别人。否则,各怀心思,成功的概率会有多大呢?不过,防人之心不可无,害人之心也不可有,贪心的人并不见得自己一定会取得成功,成功需要一个有体系的团队来支撑。

回到税费计缴层面,当下国家大力支持、扶持中小企业的发展,对于中小企业给予了极大的财政、税收的优惠支持政策,在此方面,中小企业的待遇明显好于大企业,其中比较有代表性的如表2-2所示。

表2-2 中小企业优惠政策(部分)

优惠主体	优惠政策	优惠时间
增值税小规模纳税人(包括个体工商户、个人独资企业、合伙企业、公司等形式)	免税或减按1%计缴增值税。对月销售额10万元以下(含本数)的增值税小规模纳税人,免征增值税。增值税小规模纳税人适用3%征收率的应税销售收入,减按1%征收率征收增值税	自2023年1月1日至2027年12月31日
符合条件的企业所得税纳税人(小型微利企业[①])	对年应纳税所得额超过100万元但不超过300万元的部分,减按25%计入应纳税所得额,按20%的税率缴纳企业所得税。实际税负为5%,已相当优惠	2022年1月1日至2027年12月31日

---

① 小型微利企业是指从事国家非限制和禁止行业,且同时符合年度应纳税所得额不超过300万元、从业人数不超过300人、资产总额不超过5 000万元三个条件的企业。

续表

优惠主体	优惠政策	优惠时间
	年应纳税所得额不超过100万元的部分,减按25%计入应纳税所得额,按20%的税率缴纳企业所得税。实际税负为5%,相当低	2023年1月1日至2027年12月31日
个体工商户	年应纳税所得额不超过200万元的部分,在现行优惠政策基础上,减半征收个人所得税①	2023年1月1日至2027年12月31日
特定减免税政策	对增值税小规模纳税人、小型微利企业和个体工商户减半征收资源税(不含水资源税)、城市维护建设税、房产税、城镇土地使用税、印花税(不含证券交易印花税)、耕地占用税和教育费附加、地方教育附加	2023年1月1日至2027年12月31日

① 为了让纳税人准确享受税收政策,国家税务总局公告2023年第12号规定了减免税额的计算公式:

减免税额=(经营所得应纳税所得额不超过200万元部分的应纳税额-其他政策减免税额×经营所得应纳税所得额不超过200万元部分÷经营所得应纳税所得额)×50%

如,纳税人李某经营个体工商户C,年应纳税所得额为80 000元(适用税率10%,速算扣除数1 500),同时可以享受残疾人政策减免税额2 000元,那么李某该项政策的减免税额=[(80 000×10%-1 500)-2 000]×50%=2 250元。

如,纳税人吴某经营个体工商户D,年应纳税所得额为2 400 000元(适用税率35%,速算扣除数65 500),同时可以享受残疾人政策减免税额6 000元,那么吴某该项政策的减免税额=[(2 000 000×35%-65 500)-6 000×2 000 000÷2 400 000]×50%=314 750元。

实际上,这一计算规则已经内嵌到电子税务局信息系统中,税务机关将为纳税人提供申报表和报告表预填服务,符合条件的纳税人准确、如实填报经营情况数据,系统可自动计算减免税金额。

从税收成本计量的角度看，若是小型微利企业，企业所得税税负已经很低了。现在的小规模纳税人享受免税或1%的征收率，是不是很开心？但若是一般纳税人，无论多少的销售额也不能享受上述1%的减征增值税的待遇，此时怎么办呢？很多人可能会想到，重新设立一家立体经营，从小规模纳税人做起，就可以直接享受上述阶段性的减税待遇。若业务真实、商务上不影响，这可以作为一个选项。

简单分析一下，对于企业所得税的优惠政策，若纳税人年度应纳税所得额超过300万元时，将无法享受小型微利企业的优惠，这是属于税收上的节点性"陷阱"。

【例2-1】张三是大强公司的唯一股东及管理人。假设2023年度汇算清缴之时，大强公司经调整后的应纳税所得额为310万元，大于300万元的最高标准了，不能享受小型微利企业的所得税税收优惠。张三很头疼，怎么办呢？此时会计提出了一个建议："张总，您就给自己多发15万元的奖金，在2022年12月的账上计提出来，在2023年5月的汇算清缴之前发放完毕，就可以在2022年度汇算清缴前扣除，这样扣减后应纳税所得额为295万元，就达到标准了！"张三一听："那我不是要计缴个人所得税吗？"会计回复说："您这点个人所得税的成本太低了，跟企业所得税比比看吧！"

本例的所得税计算比较表见表2-3。

表2-3 所得税计算比较表 单位：万元

税种税率	15万元奖金发放前	15万元奖金发放后
企业所得税（假设税率适用25%）	310×25%=77.5	295×5%=14.75
个人所得税（按最高适用的税率45%测算）	0	15×45%=6.75
合计	77.5	21.5

上面的比较数据，规划的效果很明显。这个案例说明，在某些情形下，企业挣得钱多不代表纳完税后余下的就一定多。类似这样的情形，比如年收入500万元的小规模纳税人转登记为一般纳税人，当小规模纳税人可享受增值税减免税待遇的时候，转为一般纳税人后的增值税税负成本很可能增加较多；还有个人全年一次性奖金计算个人所得税时的"盲区"问题[1]等。这种节点性的问题，需要基本的判断技能，并有效地掌握且灵活运

---

① 全年一次性奖金（年终奖）计算个人所得税盲区，指的是某些一次性奖金（年终奖）区间，可能因为多发放一元钱（或几元钱），而多缴几千元的税。

这个盲区分布在［36 001元，38 566元］、［144 001元，160 500元］、［300 001元，318 333元］、［420 001元，447 500元］、［660 001元，706 538元］、［960 001元，1 120 000元］。

举个例子来说明，比如36 001元比36 000元要多纳税2 309.1元；144 001元比144 000元要多纳税13 199.2元；300 001元比300 000元要多纳税13 749.25元；420 001元比420 000元要多纳税19 249.3元；660 001元比660 000元要多纳税30 249.35元；960 001元比960 000元要多纳税87 999.45元。

用。现实当中，有的个人创业者可能以设立数个个体工商户的方式，有的是一个母公司带数个子公司的关系，或者是通过总分公司的搭建。在创业的不同阶段，在国家税收政策的发展过程中，如何相向而行，找到适合自己的、适配的经营主体，有时不单单是锦上添花的事，而是关系着该企业能不能生存下去的事。

除了上面提到的节点问题，我们还要考虑个人取得所得类型的政策适用问题。

【例2-2】张三为一名医生，其经常在外面提供咨询、出诊服务，当某些医疗平台或医院支付其费用时，宜作为劳务报酬所得，属于个人综合所得的计税范围。由于税负"较重"，张三找到某服务平台，让其帮忙注册了多个个体工商户，其中在A地的个体工商户是"双定"方式核定的个人所得税，而在B地的个体工商户，税务机关并没有给予核定，仍是查账征收，但默认给予"虚拟填写成本金额"。后来税务机关对于部分行业的"双高"（高收入、高净值）人士进行涉税风险评估，要求张三提供查账征税的个体工商户的成本明细及发票资料。张三无法提供，最终只能补税处理。

分析：当前，对于个体工商户核定个人所得税的口径已是越来越紧，适用面也受到越来越严格的控制。这里有一个问题，假如张三有两户个体工商户，此时需不需要合并进行年度经营所得的汇算清缴呢？目前并不必然需要，据笔者观察，当下对于"双定"方式核定个税的经营所得，以及个人代开发票以"经营所得"核定计缴个税时，及部分通过灵活用工平台以经营所得征收率等方式计税的情况，上述经营所得未进入多处经营所得汇总数据进行汇算清缴的范围。如果张三有数户个体工商户，税务机关能否予以否定直接合并为一个呢？在经营管理上，并没有这样的限制，张三只要根据规定进行汇总计缴个税即可。在上面的案例中，将劳务报酬转换为经营所得，是一种较为常见的规划手段，现实中也存在着一些滥用的情形。之前，对于网红直播带货与演员的演出收入直接包装为经营所得的筹划计缴方式，税务机关对其误用行为进行了规范，对于其他领域，尚未进行征管方面的明示。

对于个人独资企业与合伙企业经营所得的个税管理要求，是高于个体工商户的，因为前两者是可以作为公司股东投资的，也是可以作为合伙企业合伙人存在的，实践中，个体工商户不能成为公司的股东，笔者也没有看到其作为合伙人出资的案例。在过往数年来，支持与鼓励个体工商户的优惠政策比较多，但将"雇佣关系"包装为"服务关系"的规划手段日盛，个体工商户数量急增的背后，有着税收利益安排的"广阔天地"。甚至一些地区以个人临时经营活动方式进行处理,或者以个人临时税务登记方式进行处理,都是想靠核定的方式来获取税收筹划的利益。一些地区往日轰轰烈烈的招商景象,正在发生改变,处在不断的萎缩状态中。所以,选择不是简单的形式选择,其基本的商业逻辑还是需要相应的基础支撑的,野蛮的政策套利,绝非未来的明智之选。

2.2 纳税义务形成之后的愿景陷阱

公司能够成功上市并完成募资,就像是千军万马过独木桥,成者满心欢喜,"哗啦啦"募集的资金,可以在较少的成本负担下,进行扩展性与创新性的投资!有时,待相关主体上市后,公司将自己控制的其他产业进行包装、估值,打包转让给上市公司,以求溢价变现的情形较为多见。但是大多数企业很难实现上市的目标,毕竟相关的条件、资源是有限的,得到幸运女神的眷顾并不那么容易。有这样一个故事,说给大家听听!

【例2-3】张三、李四、王五三人合作创业,投资成立了甲公司。甲公司生意做得还不错,有可观的业务流量。有一家拟上市的企业——大强股份有限公司,想进一步扩大规模与业务链条,为找到新的"融资元素",于是找到张三等三人:"我们一起干吧,把你们的公司装入我们的企业,成为股东一起上市会有高溢价收益的!"三个人一听,觉得也不错啊,于是双方达成投资意向。甲公司估值1亿元,大强公司用增发股票的方式进行收购,三个人成为大强公司的股东。三个人原来实缴出资300万元(各100万元),如此交易方式下,相当于三个人用非货币性资产对外投资,以当前的政策,需要计缴个人所得税总额约2 000万元。三个人也没有钱啊,于是就选择依照财税〔2015〕41号①文件,办理了5年分期缴纳的计划(分别在第4年与第5年进行缴纳),并向主管税务机关进行了备案。大家都比较乐观,心想着5年内总能上市了吧。结果形势发生了变化,大强公司没有顺利地上市,三个人因为转换了投资主体,结果就欠税了。5年期限一到,没有钱啊,这能不能反悔退回去呢?

分析:首先,我们要理解,税法的计税规则是对交易中的"溢价"或"收入"进行征税,这其中就存在公允价值与历史成本之间的溢价的税收问题,也是国家税收规则运行的一个基本逻辑。虽然将股权投资到大强公

---

① 财税〔2015〕41号,即《财政部 国家税务总局关于个人非货币性资产投资有关个人所得税政策的通知》,其规定:纳税人一次性缴税有困难的,可合理确定分期缴纳计划并报主管税务机关备案后,自发生上述应税行为之日起不超过5个公历年度内(含)分期缴纳个人所得税。

司，没有兑换成钱，但是兑换了以公允价值计价的"股票"，这相当于有转让"所得"了，因此需要按财产转让所得计算个人所得税。依当前的政策，对于此类交易，至多给5年的缴税期（相当于分期缴税），约定一个期限，但不加收滞纳金，三个人想尽量地向后放在第4年、第5年[①]纳税。最终因没有实现上市的目标，没有能够完成预计的上市价值，更没有变现，这个欠税的"锅"只能自己背了。

可能有的老板提出："既然没有实现目标，我们再签一份协议，恢复到投资以前的状态，我们减资处理，这样是不是欠的税就扯平了呢？"答案是否定的，由于上述的既定计税事实，已形成国家应收之税，这可不是某个税务机关领导可以决定核销的，所以只能咬着牙来凑钱缴欠的税吧，而且若超过备案日期，还要按日加收滞纳税款万分之五的滞纳金。

又有人提出来："他们能不能在投资时将评估的价值调低一点？太高的话算税亏大了！"注意，如果有真金白银摆在前方，谁愿意少估价呢？这时，如果是自己的关联方之间的"内部"投资，在估价上不宜做得太高，有可能暂时降低这个环节的个税金额。

---

① 假设张女士2015年12月进行了一次非货币性资产投资，那么她可以根据自身情况制定分期缴税计划，在2015年至2019年这5个公历年度内分期缴税，并于2019年12月31日前缴清税款。

某地税务机关发布过一个"税务处理决定书",其中有这样的内容摘录如下:

一、违法事实

（一）个人所得税

你（单位）于2016年4月办理非货币性资产投资分期缴纳个人所得税备案,计划于2020年5月31日前缴纳所属期2016年4月1日至2016年4月30日的个人所得税256 592 880.00元。截至2021年12月7日,你（单位）未缴纳个人所得税256 592 880.00元。

……

二、处理决定

根据《中华人民共和国税收征收管理法》第三十二条规定,对你所属期2016年4月1日至2016年4月30日的应缴纳个人所得税256 592 880.00元限期缴纳,并从税款滞纳之日起至缴纳或解缴之日止,按日加收滞纳税款万分之五的滞纳金,与税款一并缴纳。限你（单位）自收到本决定书之日起15日内将上述税款及滞纳金缴纳入库。逾期未缴,我局将根据《中华人民共和国行政强制法》第十三条规定申请人民法院强制执行。

若同我局（所）在纳税上有争议，应自收到本决定之日起六十日内依照本决定缴纳税款及滞纳金，或者提供相应的担保，然后可依法向国家税务总局苏州市相城区税务局申请行政复议。

有人最后提出来："这类事情有没有防范的办法呢？"笔者认为，需要考虑三个层面的事项：

第一，临时抱佛脚，若是有五年内分期缴纳的情形，尽量向第五年的最后天数调整，至少减少滞纳金的计缴，别硬拖着不管。

第二，从长计议，因为直接绑定于自然人身上的纳税义务，往往没有回旋的余地，对于存在不确定性的业务预期，建议做一些适当的调整，比如适当地考虑用合伙主体或有限公司的主体等作为对外投资的主体。毕竟这是一个可以按照年度来计算收入与成本的计税主体，并不是绑定于一笔业务就产生直接的纳税义务，尽管存在的理论税负可能会高一些，但至少有回旋的余地，特别是有限公司对外进行非货币性资产投资时，可均摊五年计入当年的所得额计税。此处并非形成固定的纳税金额，即使上市不成功时，一是可能与公司其他的成本费用或亏损业务有对冲的作用，二是留有适当的调整余地。

第三，有一些专家提出用信托等金融工具来当投资主体，可能有未来税收因素的考虑。目前在国内实践还是有一定困难的，因为可能存在信息不清的问题，这是上市时的重点审核事项，通常涉及资产管理计划、信托计划与契约型私募基金，称之为"三类股东"，其背后的投资人主体存在模糊性，鉴于上市披露信息的透明度要求，一直较为敏感，上市注册的时候，多数情形下不予认可这样的主体设计。近来，偶有存在家族信托持股的情形下成功上市的先例，但一是比例极低，二是涉及如红筹架构回归国内上市或者海外间接持股的情形，当下还是不宜冒这样的"风险"。

做生意的人可能会有这样的感受：钱不到手里，不是自己的钱！即使报表好看，利润指标好看，没有变现的能力，往往就没有生存与持续发展的能力。所以，在没有得到货币对价的情形下所产生的纳税义务，要估量一下自己的承担能力，看看方案的进退空间。一边是上市后的高溢价预期与"诱惑"，另一边是上不了市之后的希望"破灭"。这类陷阱，其中滋味，只能由自己承受了。

在此补充一下，上述的案例中，如果公司上市成功，则个人取得的是限售股，根据限售股的计税政策，未来在转让时，按照财产转让所得计缴20%的个税，上述的估价会在将来的股票转让价格中扣减，相当于又抵回来了。另外，如果公司没有成功上市，相关的自然人对外转让股份，也可以扣减入资时的估价金额，但能否有人接盘，就很难预测了，若是甩卖的话，也并不会因为原来估值有水分虚高而饶让一部分税款，在投资环节形成的欠缴税款已经固定化了。

> 【例2-4】现实当中，也不乏一些从事投资的机构，其形式上多为合伙式基金，通过"编织"上市的"梦想"，来实现所谓的财富自由。当上市无望，相应的投资本金也无法收回之时，参与资金投资的有限合伙人才发现，原来是花了自己的钱，做了一场梦而已。其实这是一种商业陷阱，那这是不是欺诈，或者存在非法集资的问题呢？其实在形式上，因为在一系列的文书资料、签字支持下，并不容易在此方面进行突破。特别是在相关"精英人士""成功人士"关于"溢价多少倍，财富翻几番"的诱导下，很容易被迷惑。在此也要特别提醒，此类陷阱需要引起老板们的警惕。

2.3 纳税义务的隔离功能

当下，以合伙企业为载体的经营组织比较流行，可自行经营，也可集合一起合作的合伙人进行投资，主要是因为规则简单，决策程序简单，管理合伙人与承担有限责任的合伙人责任清晰。通常来看，以合伙企业作为投资主体获取投资收益的适用情形比较多,直接进行实际经营的情形较少,这其中的一个原因是出于对合伙企业的无限连带责任风险的考虑。但就所得税的纳税主体来看,合伙企业每年度的经营所得,是需要直接分配到合伙人名下进行计税的,若是自然人作为合伙人(无论是有限责任合伙人还是无限责任合伙人),均需按经营所得计算个税,而不管是不是真正地分配,是否取得了资产。不论该合伙企业下设多少层的合伙企业,都需要穿透计算到顶层合伙企业,并就上述所得进行分配计算个税。

有一点我们要知道,计算合伙企业经营所得的个人所得税时,不能享受类似企业所得税政策中"小型微利企业"的税收优惠,当前企业所得税的政策中,当年度应纳税所得额低于300万元时,其整体税负是5%,而合伙企业经营所得的个人所得税,并没有类似优惠。有人说:"经营所得可以分到个人名下,个人可以自由花销;若是公司形式,分配时还要按股息红利所得计缴20%的个税!整体比较,可能还是经营所得计个税更有利!"试想,有多少公司是做生意挣了钱就分的?多数情形下还要继续投资、预备开支的,分到个人名下不具有必然需求性;否则,分出去再投进来,岂不是先要纳一笔税,从而产生时间性的税负成本。

图2-1、图2-2、图2-3所示的架构,是甲、乙、丙

三个自然人一起出资设立经营主体,其业务内容是从事一些会展代理服务的业务,相当于会展的批发商,有了展台资源后再分销给企业。这种生意往往一次一结算,属于轻资产运营,不需要投入什么生产设备,其实就是资源的占用配置能力。预计一年的营业收入为5 000万元,成本约为2 000万元,余下3 000万元,每个人年末算账分配。在不同的人看来,会有不同的建议,比如图2-1所示的情形一、图2-2所示的情形二和图2-3所示的情形三。

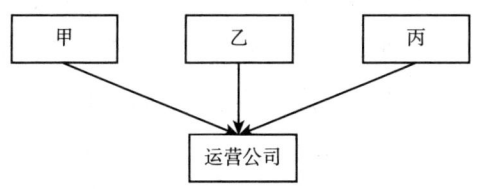

图2-1 情形一:有限公司方式

情形一下运营公司按照25%计税后再分配,按20%计个人所得税,整体税负为40%,看起来比较重。

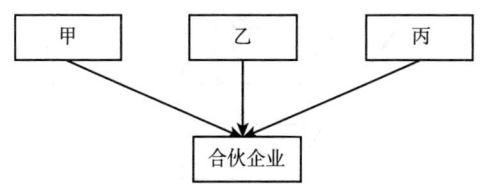

图2-2 情形二:改善性结构合伙方式

甲是承担无限责任的管理合伙人,乙与丙是有限合伙人,在情形二下,合伙企业本身不需计缴企业所得税,需要将赚的钱(税法上按应纳税所得额计税)分配到个人名下计算其经营所得的个人所得税,最高档适用的税率是35%,相较于情形一中的方式,更有利一些。但此架构下需要考虑甲的无限连带责任风险,比较常见的是让甲设立一家有限责任公司,以有限责任公司来作为管理合伙人(实质上转化为承担有限的责任)。

比如受疫情影响,会展业务受到波及,三个合伙人想转型做互联网方面的创业项目,这是比较烧钱的项目。为了避免将所得分到个人名下计税,三个人决定用有限公司进行投资方式,但为了控制权的便利考虑,仍然保留合伙企业的股东身份,由甲进行操盘,乙、丙不参与经营,此时的结构可以调整为如图2-3所示的结构。

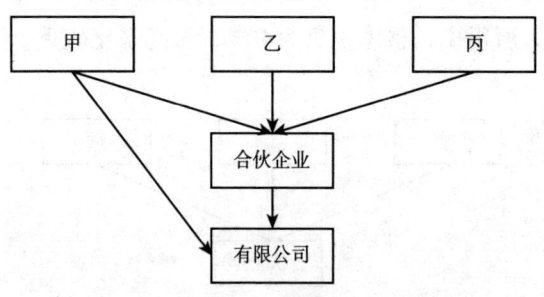

图2-3 情形三:有持续投资之需的结构调整

由于合伙企业不能独立作为公司的出资股东，于是甲象征性地认缴了公司的小部分出资，此时的调整在于有限公司隔断了合伙企业需要向合伙人进行计算分配（不一定实际分配）的计税规则：如在合伙企业转让股权或取得分红时，合伙企业才需要分配所得计缴个税。依据国税函〔2001〕84号[①]文件，对于有限公司的分红情形，相当于三个自然人直接作为股东，单独按20%计缴个税。这样，当有限公司运营时，可以享受小型微利企业的企业所得税优惠政策，也可以作为母公司延伸对外进行投资连续性经营，风险相对更为可控。

选择设立合伙企业或者有限公司，在商业上各有其功能及作用的考虑，这两种方式既可以单独使用，也可以搭配使用。比如涉及一些持续性投资的业务，就没有必要以合伙企业为载体进行运营了，借助有限公司的形式，其便利性可以更充分地发挥。但笔者并不鼓励全部这样做，比如上面我们提到的经营风险相对可靠，就是为了挣钱分利润的业务，通过有限公司对外投资，从被投资公司分回的利润通常是免税的（居民企业直接投资于其他居民企业取得的投资收益），此时有延后纳税义务的作用；若换成合伙企业当股东，当就分回的利润，计算分配给法人合伙人计税时，此时法人合伙人在计算

---

① 国税函〔2001〕84号，即《国家税务总局关于〈关于个人独资企业和合伙企业投资者征收个人所得税的规定〉执行口径的通知》。

企业所得税时,不能享受分回利润免税待遇。但是,合伙企业,特别是有限合伙企业所具有的管理权与收益权的灵活特性,在现实当中得到了大量的应用,此时计税利益的问题反而退其次了。在一些家族信托的架构中,往往也是搭配了有限合伙人的投资架构,从而有效地划分了相关主体的管理责任与风险责任。

另外合伙企业的经营所得如何适用20%与35%计税时,有一个例外情形,依据《关于延续实施创业投资企业个人合伙人所得税政策的公告》(财政部 税务总局 国家发展改革委 中国证监会公告2023年第24号)规定:

一、创投企业可以选择按单一投资基金核算或者按创投企业年度所得整体核算两种方式之一,对其个人合伙人来源于创投企业的所得计算个人所得税应纳税额。

本通知所称创投企业,是指符合《创业投资企业管理暂行办法》(发展改革委等10部门令第39号)或者《私募投资基金监督管理暂行办法》(证监会令第105号)关于创业投资企业(基金)的有关规定,并按照上述规定完成备案且规范运作的合伙制创业投资企业(基金)。

二、创投企业选择按单一投资基金核算的,其个人合伙人从该基金应分得的股权转让所得和股息红利所得，按照20%税率计算缴纳个人所得税。

创投企业选择按年度所得整体核算的，其个人合伙人应从创投企业取得的所得，按照"经营所得"项目、5%—35%的超额累进税率计算缴纳个人所得税。

当满足投资主体的设定条件时，可以选择单一投资基金核算的方式计算个税，这是一个特殊情形。不过合伙企业经营所得计缴个税时，存在许多"错用"与"混用"20%与35%税率的情形，有的地方招商部门或者一些招商服务机构，将本应按5%—35%计缴个税的情况错按20%故意报成股息红利或财产转让所得计缴个税。不过近来屡有补缴税款的案例发生，笔者预测，接下来发生的概率会越来越大，因为各地税务机关也认识到了这个问题，审计部门的监管进一步强化了对其进行合规纠正的力度。

例如某地稽查局下发的税务处理决定书中有类似这样的追缴案例：

（三）根据《中华人民共和国个人所得税法》（2011年修正）第一条第一款"在中国境内有住所，或者无住所而在境内居住满一年的个人，从中国境内和境外取得的所得，依照本法规定缴纳个人所得税"、

第二条第（二）项"个体工商户的生产、经营所得，应纳个人所得税"、《关于个人独资企业和合伙企业投资者征收个人所得税的规定》（财税〔2000〕91号）第三条"个人独资企业以投资者为纳税义务人，合伙企业以每一个合伙人为纳税义务人（以下简称'投资者'）"、第四条"个人独资企业和合伙企业（以下简称'企业'）每一纳税年度的收入总额减除成本、费用以及损失后的余额，作为投资者个人的生产经营所得，比照个人所得税法的'个体工商户的生产经营所得'应税项目，适用5%—35%的五级超额累进税率，计算征收个人所得税"、第二十二条"投资者应向企业实际经营管理所在地主管税务机关申报缴纳个人所得税。投资者从合伙企业取得的生产经营所得，由合伙企业向企业实际经营管理所在地主管税务机关申报缴纳投资者应纳的个人所得税，并将个人所得税申报表抄送投资者"之规定，追缴你单位2016年个人所得税79 885 921.14元。

前述四部门2023年第24号公告执行到2027年12月31日。在本节内容中，我们不宜简单化评价用哪种经营主体在涉税利益上更有利，而是要结合合作伙伴间的利益关系、经营发展变现的方式来考虑。若只用合伙模式，即使设立了很多层，也会被层层穿透到个人合伙人，从而要求其按年度计缴经营所得的个人所得税。所以，底层设置公司的运营层，是可以起到阻断作用的。

2.4 好政策却没用好又能怨谁呢

我们经常说，有税收优惠政策时，企业选择做到应享尽享，这是纳税人的权利，也是国家实施该激励性措施的期望所在。只是，对于纳税人或其投资人、财务负责人来讲，要掌握一个前提，既要有真实业务的支撑，还要有其存在的合理性。

在现实当中，笔者发现一些人在看到财税部门发布的优惠政策时，第一反应是先拿着政策来比对企业的现状，看自己能不能享受，一看自己的条件不满足，就开始了抱怨："这不公平啊，为什么不照顾我们的企业情况呢？"一些专业人士看到新发布的政策时，往往被激起专业的兴奋，这也包括笔者本人，在快速转发之余，通常没有经过过多与实操相关的思考，就政策而学习与分析，理论就容易脱离实际。当然，政府颁布税收优惠政策，不会"教纳税人做税务筹划"，当小规模纳税人享受增值税减免税的优惠政策发布时，有些企业一味地强调自己是一般纳税人无法享受相关优惠政策而倍感"委屈"，为何不想着去做一些适当性的业务分离呢？

一些出台的好政策，企业没有用上，并不是政策不好，而很可能是企业主不主动求变的原因。

【例2-5】 某企业老板想对部分利润"公转私"，于是在某中介朋友的帮助下，在某"税收洼地"设立了一个个体工商户，开具发票结算后提现处理。这类场景大家是不是很熟悉？但是现在，我们就要关注这类简单、直接、有效的"筹划"风险了。当转出金额过大的时候，在增值税抵扣或企业所得税税前扣除方面，很可能会引起税务机关的关注，进而要求列支企业解释业务的真实性、合理性。特别是在相关人员及成本支付确实未发生、不能明确的情形下，其被质疑的风险自然越来越高，首当其冲的是税前不得扣除，其次是个税问题，再次很可能涉嫌虚开发票问题。

比如，当一个企业接受来自个体工商户或个人、合伙企业的发票超过风控部门设定的比例时，有的地方税务机关就会敏锐地发现其中的风险，并将风险因素推送至主管税务机关，要求进行风险排查、确认。在这类情形下，当从事进、销业务的相关主体中，上述主体占比较大时，该情形就可能受到关注。另外，在某些地方，当一个个体工商户当月或当季开具发票超过百万元，税务管理人员往往就会与管理人进行电话确认，要求其提供佐证资料等。前几年这类"风靡全国"的筹划套路，甚至马路边摆摊的大爷大妈都会。物极必反，案例中提到的套路式的逃避税手段，在强化税收征管及打击虚开发票的强力措施下，正处在"危险地带"。还有一类比较受关注的情形，比如一个一般纳税人发生的成本费用中，业务中大部分取得的不是专用发票，而是普通发票，这也很异常，其背后或有"玄机"，需要进一步探索以揭开其"神秘的面纱"。

【例2-6】某企业老板拟转让其个人投资的企业股权，为了减少个税缴纳，于是计划到某地设立合伙企业进行中间过渡。在专业人士的协助下，"一口气"在数个地区搭建了五层合伙企业，就是为了避免被一眼看穿其动机。其后，先通过将股权低价转让给合伙企业，再进行二次转让，以争取获得顶层合伙企业进行核定征收个税的政策，后迅速地办理了企业注销。不幸的是，前几年被审计风险排查到，收到某地省级税务机关个税管理部门的通知，以反避税的名义，不认可其核定征税的方式，要求其按全额的20%进行补税（其实宜按5%—35%计算缴纳经营所得的个税，经过沟通认可了按财产转让所得20%计税的处理，个案下也要求追征滞纳金），最近已补了大额的税款。有的时候，计划不如变化快，自以为很"高明"的操作，其实侦破起来并不是很难。之前，可能存在部分税收征管系统是属地化开发、管理的情况，税务总局

> 层面无法有效地掌握，现在基本上追溯清理得差不多了，随着全国税务信息化的大力发展，当纳税人的信息透明化之后，会被不同层级的税务机关所关注。

当下受到热切关注的"金税四期"，成为某些筹划机构招揽生意的噱头。一些宣传信息聚焦于"老板私户收款无处可藏、成百上千个风险指标时时刻刻地在监控"等，甚至有一些机构故意制造恐惧感，似乎金税四期的运用就是某些人的"末日"似的。虽然涉税合规是我们所重视且倡导的，但无端地夸大其词，以此作为噱头诱导老板买课消费的方式，更需老板们自己进行理智的评判，况且你这些课也解决不了本质的问题。但不得不说，市场上的宣传有着很强的影响，加之以案治税的震慑力，让纳税人的合规意识，似乎有了根本性的变化。老板的问题是，做事的野蛮方式行不通后，怎么办？

下面我们探讨一个案例，帮助老板们拓展一下思路。话说张三投资成立了大成公司，大成公司经过拍卖取得一块建筑用地，用来建厂房进行生产，由于受疫情影响，生产难以继续，准备对外转让土地。该公司的服务机构给出了如下的建议：

该公司以不动产投资设立小成公司（100%控股子公司），再对外转让小成公司股权，以此进行不缴土地增值税的规划,类似方案在上市公司的公告中也很常见。

除了土地增值税之外,该公司老板认为企业所得税的税负也较高,仍想进行筹划。其实我们知道,由于要快速地进行转让变现,这类情形不符合税收政策中的特殊性税务处理,也难充分地享受企业以非货币性资产对外投资按五年均分所得额计缴所得税的政策。

从技术的角度来延伸探讨一下分期五年确认所得额的方案:

第一步:大成公司用不动产进行投资设立子公司小成公司。

假设大成公司取得不动产的成本是5 000万元,现在评估公允值是1.5亿元,溢价1亿元。现按照估价1.5亿元投资设立小成公司,大成公司100%持有小成公司的股权(见图2-4)。

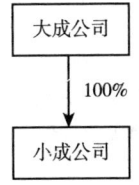

图2-4 大成公司100%持有小成公司股权

适用政策分析如表2-4所示。

表2-4　　　　用不动产投资设立子公司的适用政策分析

涉税税种	说明	风险
土地增值税	改制重组情形下以房地产对外投资,若双方不涉及房地产开发企业,则不征土地增值税①	不强求对是100%控股关系的子公司进行投资或增资
契税	改制重组情形下以房地产对全资子公司增资,免征契税②	要求有100%的母子公司关系作为前置条件,注意这里规定为增资,现实中一般先认缴设立子公司,再用不动产进行增资从而享受免征契税优惠
印花税	产权转移书据税率:万分之五(双方) 营业账簿税率:万分之二点五(接受投资方)	产权转移书据双方均须计印花税,接受方需对营业账簿计印花税

---

① 《财政部 税务总局关于继续实施企业改制重组有关土地增值税政策的公告》(财政部 税务总局公告2021年第21号)规定:单位、个人在改制重组时以房地产作价入股进行投资,对其将房地产转移、变更到被投资的企业,暂不征土地增值税。

② 《财政部 税务总局关于继续执行企业 事业单位改制重组有关契税政策的公告》(财政部 税务总局公告2021年第17号)规定:母公司以土地、房屋权属向其全资子公司增资,视同划转,免征契税。

续表

涉税税种	说明	风险
增值税	税率为9%及其附加税费	需要了解能否选择使用简易计税的方式[①]
企业所得税	可在不超过5年期限内将上述所得均匀计入各年度的所得额	若就取得的股权进行转让,需要在转让当年年度内一次性确认所得计所得税[②]

① 《财政部 国家税务总局关于全面推开营业税改征增值税试点的通知》(财税〔2016〕36号)规定:一般纳税人销售其2016年5月1日后取得(不含自建)的不动产,应适用一般计税方法,以取得的全部价款和价外费用为销售额计算应纳税额。纳税人应以取得的全部价款和价外费用减去该项不动产购置原价或者取得不动产时的作价后的余额,按照5%的预征率在不动产所在地预缴税款后,向机构所在地主管税务机关进行纳税申报。小规模纳税人销售其取得(不含自建)的不动产(不含个体工商户销售购买的住房和其他个人销售不动产),应以取得的全部价款和价外费用减去该项不动产购置原价或者取得不动产时的作价后的余额为销售额,按照5%的征收率计算应纳税额。纳税人应按照上述计税方法在不动产所在地预缴税款后,向机构所在地主管税务机关进行纳税申报。

② 《财政部 国家税务总局关于非货币性资产投资企业所得税政策问题的通知》(财税〔2014〕116号)规定:一、居民企业(以下简称"企业")以非货币性资产对外投资确认的非货币性资产转让所得,可在不超过5年期限内,分期均匀计入相应年度的应纳税所得额,按规定计算缴纳企业所得税。四、企业在对外投资5年内转让上述股权或投资收回的,应停止执行递延纳税政策,并就递延期内尚未确认的非货币性资产转让所得,在转让股权或投资收回当年的企业所得税年度汇算清缴时,一次性计算缴纳企业所得税;企业在计算股权转让所得时,可按本通知第三条第一款规定将股权的计税基础一次调整到位。企业在对外投资5年内注销的,应停止执行递延纳税政策,并就递延期内尚未确认的非货币性资产转让所得,在注销当年的企业所得税年度汇算清缴时,一次性计算缴纳企业所得税。

第二步:小成公司再用该不动产出资设立"小小成公司"(见图2-5)。

由于小成公司取得的资产的计税基础已是1.5亿元,此时将其用于对外投资时,需要考虑的是增值税和印花税,契税及土地增值税可以依政策作免征或不征处理,对外投资的价值仍是1.5亿元,此环节没有溢价所得。

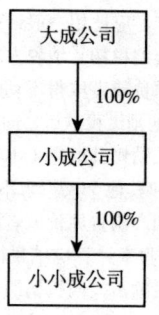

图2-5 投资公司链条

此时可以考虑让小成公司转让小小成公司的股权给予受让方,是为了"维持"大成公司在第一步投资时选择五年均分所得的政策持续适用。政策规定很清晰,若大成公司投资后即转让其持有的小成公司的股权,五年均分所得的政策就不能再延续适用,需要在转让对应股权时一次性确认所得。上述第二步的调整,更多是为了获得这种分期计算企业所得税的时间性利益。若有可能，还将获得抵减不同年度成本费用的空间。但若恰好在发生投资时有之前年度的亏损，就没有必要选择五年均分所得计所得税了。

在实际业务中，可以结合不同的需求、不同的税收政策，有时一步能做完的事，通过增加步骤，就可能达到税款节约的效果。老板们不能怨天尤人，而是要多想想，多咨询，不走寻常路，就可能有意外的优惠或利益收获。

有人会问："这样做合法吗？这么明显的避税手段难道税务机关不会质疑吗？"这种担心不是没有必要的，凡事需要考虑合理性与真实性，在一定程度上看，当税务管理人员或检查人员认为纳税人恶意避税，存在形式上是转让股权实际是转让不动产的情形，是可以提出质疑的，在某些极端的情形下，可能会发生争议。当下，政策上并没有对此类做法进行特别明确，这给了正常发生业务的企业一些机会。上面除了提到的合理性，我们还需要考虑业务的正常性，比如有业务、有人员，而不是赤裸裸的就是一个独立的不动产，这就需要专业人员的服务来增强保障。又有人可能会问："这种情形多吗？"笔者认为还是有一些类似的应用场景的，比如个人转让股权时的纳税地的选择，企业转让股权时涉及债务与债权的剥离方式，老丈人将其持有的股权变更给女婿时通过先转给女儿过渡一次以减少税务机关核定转让收入定价计税的问题等,这些事项看似常规,却或多或少存在规划想象空间。

2.5 "左口袋"装"右口袋"为何要计缴税款

笔者有时和一些从商多年的伙伴们讨论税务问题时发现,隔行如隔山,有时老板们对税收政策不理解,就容易产生抱怨。笔者认为,这不能意味着老板们不爱学习,更不是税收政策本身的问题。究其原因,一是我国的税收体系与规则确实非常复杂,二是平时大家关注税务的时间与精力也确实比较少。

【例2-7】张三与其爱人共同作为股东,投资了大强公司,持股比例分别为60%与40%。出于未来的经营考虑,比如分红的安排与再投资的便利,张三听了"高人"指点,想将股权调整为由张三与其爱人再设立的强大公司(两个人的持股比例分别也是60%与40%)来持股大强公司,即大强公司不再由自然人持股,这样做的目的是减少直接控股的风险,同时也避开张三与他的爱人取得所得再投资时以利息、股息、红利名义的20%的个税成本,专家说这是家族立体公司,通过公司主体持股,可以享受分红免税的政策。当初投资时,张三与其爱人以个人名义分别实际投入了60万元和40万元,现在公司的净资产是1 000万元,在按100万元做平价转让变更登记时,税务机关要求两个人分别缴纳个税108万元和72万元,合计为180 [(1 000-100)×20%不考虑杂项税费扣除]万元。张三一听就怒了:"我自己转给自己,只是调整一下结构,还是我们家自己的财产,凭什么收税啊?"相信有这种观点的人很多,也有专家认为这类情形下应给予特殊的认可待遇,减少非变现税收成本的发生。不过当下的政策却并没有调整,反而进一步强化了这方面的税收征管力度。

调整前的架构如图2-6所示。

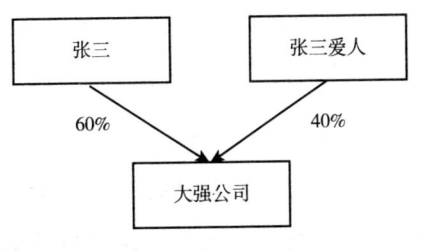

图2-6 调整前架构

调整后的架构如图2-7所示。

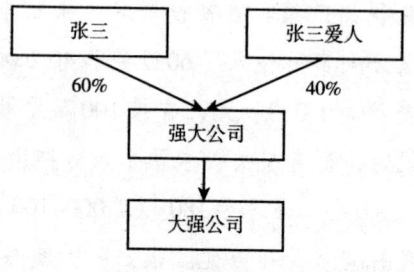

图2-7　调整后架构

我们发现，若从经济增量且变现的角度看，张三及其爱人的公司还掌握在自己手中，两个人在顶层相应的持股比例也没有发生变化，没有取得第三方的利益对价与变现。既然没有所得，当然就不应该征变更中的个人所得税！这样的理解，听着很通俗易懂，有其合理的意愿基础，也符合经济性分析逻辑。但是，相关的税收政策并不是从这个逻辑出发来制定的，而是认为张三及其爱人转让大强公司给强大公司，是一次交易，就应以交易逻辑来计缴个人所得税，存在如下的理由：

第一，强大公司是一家独立的法人公司，其法律主体的性质与个人是不同的。既然是独立的法人主体，这次转让就视为一次交易，也是一次对价获取股权的行为，况且案例中个人股东与对方也签订了合同。

第二，"先税后证"，新个人所得税法实施之后，涉及个人股权变更的，需要有相应的纳税证明，这是普遍性的征管要求。

第三,依据国家税务总局公告2014年第67号①文件,除了特定情形②,赠送或不公允定价转移时税收规则上不进行核定调整其所得额外,其他的情形基本上均需要以核定净资产等方式确定转让应税收入额,计算财产转让的个人所得税税款,而不完全认同商业交易中的约定价款。注意,税务机关调整的是计税价格,不是彼此间的交易价格。

第四,若对案例中的情形给予不征个人所得税的待遇,其实并非不可,但是该做法恐怕也需要考虑好影响,比如对于国家财政的影响、对于税收规则的公平性与一致性的考虑等。这里面有一个基本的税收计量经济属性的判断逻辑,它也是支撑独立交易原则的基础,或许对于某些特殊情形,将来对其给予特殊的计税递延政

---

① 国家税务总局公告2014年第67号,即《国家税务总局关于发布〈股权转让所得个人所得税管理办法(试行)〉的公告》。

② 国家税务总局公告2014年第67号文第十三条规定,符合下列条件之一的股权转让收入明显偏低,视为有正当理由:

(一)能出具有效文件,证明被投资企业因国家政策调整,生产经营受到重大影响,导致低价转让股权;

(二)继承或将股权转让给其能提供具有法律效力身份关系证明的配偶、父母、子女、祖父母、外祖父母、孙子女、外孙子女、兄弟姐妹以及对转让人承担直接抚养或者赡养义务的抚养人或者赡养人;

(三)相关法律、政府文件或企业章程规定,并有相关资料充分证明转让价格合理且真实的本企业员工持有的不能对外转让股权的内部转让;

(四)股权转让双方能够提供有效证据证明其合理性的其他合理情形。

策，也是可以考虑的。

若张三及其爱人将股权转让给其设立的合伙企业，或者转给各自设立的个人独资企业，现实中笔者发现其处理规则是一样的。尽管有人提出来，2014年67号公告规定转让的范围并不包括转让给合伙企业、个人独资企业的情况，但参考原则是一致的。有的人可能提出："我们有好办法，可以让自然人以原出资额减资，新公司增资进去，会有一样的效果！"笔者认为理论有可行性，此时要考虑市场监督管理登记方面的程序要求，比如进行公示。但有的地方税务机关认为此类情形从本质上存在"转让之实"，如果站在纯商业的角度，这个公司有利润或有潜在价值的情形下，个人股东减资撤出来，让不相干的第三方入资进去，谁愿意呢？从税务的角度看，这里面可能存在着经济利益的交换，而交换的基本原则应该是公允计量，即使认为都是某个人所有或个人通过经济主体间接所有，并没有实现变现的收益回报，此时若要计征税款的敏感系数是比较高的。在没有"递延"计税的财税政策支持下，依政策计征是没有问题的。在某些地区出现的个案"突破"，更多是一种"法外开恩"，是人情化的理解，不具有普遍性。而有的地区，已对于增减资中的个税问题进行了相应的规范，如果企业恰好落址在这里，那对不起，"我们就这样要求的。"

如果张三及其爱人作为个人股东将股权出资到强大公司，这样就跟我们在前述内容中提到的"非货币性资产出资"事项相似了，个人层面也有以非货币性资产出资计算的个税所得，允许在不超过5个年度分期缴纳个人所得税的处理。依国家当前有效的《中华人民共和国公司法》，基本的要求是出资价值需要进行评估，那就不是本案例中提到的主观地"随意约定转让价格"了。

2.6 本章小结

以点带面，结合规则，辅以案例，让我们来认识税收规则的"特殊之处"，懂者自懂，不懂者就可能遇到未知的陷阱，面临困难。

企业老板们在组织、调整、转让或受让公司股权份额或资产的过程当中，有很多形式、路径和环节可供选择，在每一类情形下，其税收负担很可能是不一样的，这时就需要结合自己的条件与承担能力、对未来的发展预期来考虑，同时还要考虑交易对方的条件，若能达到"共赢"，更将好上加好！

但是，我们要掌握好一个常识，即并不是需要计税与纳税时，就会存在陷阱，从而产生抵触之意，认为有不用缴的空间，并且产生自己缴了税就是"亏了"的想法。多数情况下合规的成本就是要产生计缴税款的结果，税法具有强制性与固定性的要求，税负的计缴选择空间不是"天高任鸟飞，海阔凭鱼跃"，各种条条框框非常严格，且不可以用不合规的手段去规避所谓的陷阱。所以，防范陷阱之说，更多的是对于某些个案情形，给出的一种合规情形之下的有利选择，这种有利的选择面对不同案例时，并非千篇一律，其中极可能存在不同的选项，这跟老板们的想法、能力及对未来的规划是密切相关的。

无论如何，多一分了解，多一种可能，但不宜让这种可能变成自己的一种负担与纠结，以至于错过了商机，岂不是损失更大？若从更广的角度来看，在商业上能生存、能挣钱才是根本，在税收的处理上，做到合规及部分有利的结果时，已是锦上添花。若天天想着涉税筹划之类的事，都没有精力做业务了，结果成为无源之水，无本之木，岂不是在建"空中楼阁"了吗？

让可能成为可行，这就是好好学习、取经的可贵之处，在行业充分竞争的情形下，取得先机，更好地为自己、家人，也为国家与社会提供更好的价值，发挥更大的作用。

3

商务与交易活动

涉税事项多发生在企业或个人的日常经营与交易活动中，包括投融资、采购与销售等。这里面的经营事项千变万化，税收规则的适用或参考使用的情形非常复杂，某些涉税"悲伤故事"的发生，一些事在外人看来，可能只是一个笑谈，甚至个别人有幸灾乐祸之感；但于当事人身上，却并不是有趣之事，而是实实在在的现金负担，需引以为戒。本章内容中，笔者精选了12个有代表性的且发生频率比较高的案例，一方面是自我的梳理、总结与思考，以期不断提高自己的服务水平；另一方面也希望与大家探讨，给大家带来一些参考价值。

表3-1所示的事项，往往就充满各种各样涉税处理

的风险与不确定性,有时候一招不慎,满盘皆输;即使不是,也可能"伤筋动骨"。

表3-1 风险事项及可能涉及的陷阱类型

风险事项	举例	可能涉及的陷阱类型
公私不分	比如私户收取变卖公司资产,或者是转让股权的私户额外收款,不纳入申报应税收入或所得	没有纳税环节的"过滤",即使钱在自己手中,也并不一定是自己的钱,这是"没有出生身份的钱",之后若有查补税款之时,可能会产生滞纳金与罚款以及其他更大影响
碍于朋友之情帮办"税事""票事"	为别人代收款项、代开发票,为别人过账套取现金等情形	没有合理的挂靠等业务支持就可能涉嫌虚开发票,"两肋插刀"的江湖义气,不能体现在帮忙"倒卖"发票上,或拿自己的涉税安全去交换友情
卖什么、以什么来计税要有所了解	比如是卖货物还是卖服务?或者货物+服务?这中间的计税方式太复杂了	创新的经济模式,颠覆了"卖什么"的常规思维。有一些平台经济是建立在税收利益基础上的,比如财政奖补、对外销售开票自己却没有成本票的业务模式
好人好事不一定有"好税"	比如企业业务中的促销赠送,看着是赔本赚吆喝,其实还有"赔税"的事	无现金收入或资产兑换情形之下,却"天上掉下个税妹妹"
税收的溢价功能	比如充分发挥税收优惠的价值功能,让优惠体现得更加合理、有效	对于合规应进行恰当性理解,不是简单地认为合规就是"多缴税"
共赢税事	商业场上的"算计之心",每个人或多或少有之,某些老板有时想在税务上占尽合作伙伴的便宜,甚至会找中介机构支招	税务问题往往是与业务伙伴等关联方相关联的,特别是涉及发票的支付与接收问题

续表

风险事项	举例	可能涉及的陷阱类型
一言不合就举报	正直经营、合法从业，在当下显得尤其珍贵，这也是底线。抱着某种通过非法方式发横财的心态去横拼，很明显已过时了，不过也不排除存在来自经营合作方、竞争对手、消费者、合作股东或员工的税务举报情形	涉税举报之事，建议要处理得当，不宜置之不理；也不宜盲目应对，造成更大的损失
风险隔离与事业传承	当一代创业人渐渐老去，如何让家庭、事业顺畅地延续传承，减少孩子们之间矛盾的发生，同时还能兼顾不同人的利益或喜好，做好风险隔离与传承安排，不是老板一个人的"小账本"，需要进行全盘考虑	着眼当下，布局未来。企业家的梦想是什么？如何能够树立自己期望的正能量的家风，进行一些提前的规划，以引导良好的家风，减少利益之争，或减少子女婚姻财产的争议，是当下的热门事项，更是谨慎之事
对涉税事项处理的盲目自信	比如一些老板在日常管理中自信满满，认为无所不能，对于税务问题的应对，往往以为通过人际关系就"搞得定"	有了专业基础可以自信，但不宜自负；更不宜让朋友冒风险"背锅"

上面列举的这些事项，一是来源于实务，是对一些案例的梳理；二是由于当下的需求也比较多样，所以列举出来一同探讨。笔者曾经遇到过一些相似的经典案例，再复盘还原一次，还是有着许多的感慨。通过案例，会接触不同的人，讨论不同的争议事项，或偏门

的，或常规的，大千世界，涉税争议事项有着千奇百怪的情节和走向。

下面，笔者汇总自己经历或观察到的一些案例，结合自己的理解，进行归纳，并分析其中存在的让人易中招的涉税陷阱，帮助相关人士做到了然于胸，防患于未然。

3.1 转借款项无形中"多"了一道税

做了好事，多了一道税。

【例3-1】张三是一家公司的老板，前几年经营出现问题，公司贷款难，于是张三以自己的房子抵押贷款200万元，年利息20万元。张三取得贷款后，无偿提供给公司使用，利息由公司支付给张三，张三再还给贷款机构。2021年，张三将公司股权转让给了李四，转让价格为1 000万元，约定签订合同后李四支付给张三50%的转让款，变更登记、办理交接后支付余下的50%。结果人算不如天算，双方因为交接中出现了矛盾，李四承接公司之后发现了一些问题，有受骗之感，余下50%的款项也不给了。李四还在公司的账上"发现"了问题，就是公司支付给张三的利息未扣个税，于是向税务机关举报张三偷逃税款，税务稽查人员电话约谈张三，要求其到税务机关进行解释。

分析：股东之间、合伙人之间或者公司与员工之间出现矛盾，是发生频率很高的事，经常看到一些法院的诉讼案例是涉及此方面的争议。有人认为："举报是无奈之举，这是被逼之下的选择啊，我们应大力支持！"但当接触多了之后会发现，举报有时是被当成一种工具在用，看似"正义之举"，其本意是达到自己的其他目的"借刀杀人"。不过正当的举报是一项法定的权利，不是恶意敲诈或是虚假举报，此权利倒不能随意被剥夺。

话说张三认为自己很无辜，自己做了好事，借钱给公司用，公司承担资金成本，没有挣差价，没有任何所得，凭什么征自己的个人所得税？

税法更多是先看业务的表面形式及表现。本案例中，张三是借款人，尽管其解释真正用款的主体是公司，不过贷款的金融机构不会对此进行延伸认定及管理，只会确认与张三的融资业务关系。张三收取公司使用款项的利息，没有加价，原金额收取，这本身可以认为是一种转借行为，因此，收的款项也就是使用的资金成本了。问题来了：

第一，个人所得税政策当中对于利息应税所得的认定，不允许扣减借出方的融资成本，即无论借出去的款项是自有的还是向外部借入的，一视同仁，以毛所得（剔除增值税及附加税费等）来计算应税所得的金额。

第二，认定张三从单位取得利息所得，是因为单位承担了其融资的利息成本，没有被认为是"弥补其利息成本"，而是认为属于利息所得，这就是一个事项的税务视角的判断。

第三，作为支付方的被投资企业，有法定的代扣代缴个人所得税的义务，若没有扣缴，税务机关可在五年内对其处应扣未扣个人所得税税额0.5倍到3倍的行政罚款。

这个案例很普通，却又很普遍，我们应学会如何让这些问题变得更为可控，而不是听老板的一家之词："这是一家人的事，何必区分得那么清楚！"公司作为独立的法人，自有其法定运行规则，其中就包括税务计算规则的独立性判断。

可能有人会问："既然有这样的问题，分析的情形也有依据，那如何解决这样的问题呢？"或许一百个人有一百个思路。既然公司是独立的主体，何不直接约定由公司承担张三的税费支出，进行"包税"处理呢？这类情形下，让公司承担相应的税负成本，李四是不是就开心了呢？特别是对于公司拥有多位股东的情形，可以考虑这样的处理。

在日常经营活动的规划中，利益兑换的方式是比较多样的，突破原有的利益关系，创设另一种利益关系。此时，有人提议："何不让公司给张三多发一些工资，来弥补其支付的成本？还是张三想得太简单了！"其实持这种观点的人，往往不大了解创业人的思维，对多数中小型民营企业来讲，有时为了企业的发展，企业家自愿承担一些费用，也不大在意是否能在公司进行报销，再说发工资也是要缴个税的。企业在发展初期，企业家的投入大多数比较零散，也比较大，一心希望企业发展好！不过这也易产生公私财产混淆的问题，若存在企业为创业人支出的与企业经营无关的支出，在发生纠纷时，创业人就可能被质疑侵占了公司财产。

曾有一篇这样的报道，老板们不妨了解一下：

离职员工因敲诈勒索公司被判3年有期徒刑

（劳动午报，2021年9月15日）

因不满公司的非法解雇行为，蒋某利用自己在职时掌握的公司偷税漏税情况，要求公司赔偿他100万元经济损失。公司报警后蒋某被抓，法院以犯敲诈勒索罪判处其有期徒刑3年，罚金1万元。近日，蒋某刑满释放。

【案情简介】

2017年8月，公司以年薪50万元聘请蒋某担任财务总监职务。同年12月25日，因作风纪律等方面问题，公司董事商量决定解聘蒋某。办理交接手续后，双方结算了其所有工资待遇。同年12月27日，蒋某发电子邮件给公司法定代表人陈某称公司财务管理存在几大问题，其将向有关部门举报。此后，他又通过电话、短信询问陈某打算如何处理。

2018年1月，陈某主动打电话问蒋某有何目的和要求。面谈时，陈某问蒋某是否因劳资问题觉得公司亏欠他？蒋某回答不是，称其掌握公司财务不规范方面的问题，若公司给他300万元，他就不会到相关部门举报并将相关证据交还公司。后经多次沟通，蒋某提出最少100万元。同年2月25日，公司在向蒋某交付30万元现金时，警察当场将蒋某抓获。

【法院判决】

检察机关指控，蒋某以向税务部门举报公司偷税漏税为威胁，向公司勒索100万元，公司报警后将其抓获。其因无视国家法律，敲诈勒索他人财物，数额特别巨大，应当以敲诈勒索罪追究刑事责任。其因敲诈勒索犯罪未遂，依法可比照既遂犯从轻处罚。因其到案后如实供述自己罪行，可从轻处罚。

蒋某辩称，其没有敲诈勒索公司的主观故意，该100万元是公司主动提出的对其劳务纠纷的赔偿。此外，其向公司索要的赔偿金系其合法利益或至少是"可诉"利益，具有合法且充分的事实依据。公司同意以顾问费形式补偿其因违法解雇遭受的损失，可证明其不具有非法占有的目的。况且，公司并未因其要挟产生恐惧，也未因此遭受损失，在本案存在公司打击报复他本人的情况下，他认为自己并不构成犯罪。

蒋某认为，其举报公司偷税漏税，属法律所鼓励的合法行为，不构成"威胁、要挟"。经此一事，公司被税务部门处罚并要求补缴税款，其行为属于对国家、社会作出重大贡献，应构成重大立功。

法院认为，蒋某掌握公司偷税漏税的线索后，并非向相关主管部门进行举报，而是先告知公司其掌握的相关线索，以该线索为条件迫使公司向其支付钱财。该种支付钱财就放弃举报、不支付钱财就立即举报的意思表达，具有明确的威胁、要挟性。

蒋某被公司声明解雇时，自愿在离职申请及物资交接、工资结算表上签名并签收结算工资。其归案后亦多次供述，认为自己当时处于试用期，公司可以随时将其解雇。其发送记载有公司偷税漏税线索的电子邮件给公司负责人陈某，是由于不服气，想让公司付出代价。当陈某与其磋商时，其要求公司支付钱财，否则向有关部门举报。由此，法院认定其主观上具有非法占有的目的，其行为已经构成敲诈勒索罪。

对于蒋某检举公司偷税漏税并致公司受到行政追责是否构成立功？法院认为，蒋某一直以其掌握公司偷税逃税线索要举报为条件向公司索要钱财，其将该线索撰写成举报信函，又将举报信函的内容以电子邮件形式发送给公司负责人陈某，故该举报信函属蒋某实施敲诈勒索犯罪的作案工具。公安机关抓获蒋某时，从其身上缴获存有该举报信函的U盘，其后依职权向税务机关移送该举报信函，进而使公司受到行政查处，该情形并非蒋某举报所致。因蒋某并未实施举报行为，故其不构成立功。

另外，即使蒋某主动向相关税务部门举报公司偷税漏税，但现有证据未能证实公司偷税漏税的行为已构成犯罪，税务部门基于公司偷税漏税的行为要求其补缴税款等，亦不属于蒋对国家和社会作出的贡献，更非重大贡献。

法院认为，蒋某敲诈勒索他人财物，数额特别巨大，依法应在10年以上有期徒刑幅度内量刑。由于其属犯罪未遂，依法对其减轻处罚，应当在3年以上10年以下有期徒刑幅度内量刑。综合考虑其犯罪数额、没有前科、犯罪为事出有因等法定、酌定量刑情节，决定对其处以法定最低刑罚。

综上，法院依据查明的事实，依法判决蒋某犯敲诈勒索罪，判处有期徒刑3年，并处罚金1万元，同时，没收其移动储存器1个。蒋某不服该判决提起上诉，但被驳回。

（记者：赵新政）

3.2 "价外费用"带来的额外税收成本

什么是价外费用？这主要是在增值税的层面发生的，参照《中华人民共和国增值税暂行条例实施细则》的规定：

价外费用，包括价外向购买方收取的手续费、补贴、基金、集资费、返还利润、奖励费、违约金、滞纳金、延期付款利息、赔偿金、代收款项、代垫款项、包装费、包装物租金、储备费、优质费、运输装卸费以及其他各种性质的价外收费。

除了一些特别例外的明确事项外，在确定增值税的销售额时，上面的价外费用，也是需要并进来计缴增值

税的。比如性质上是给第三方代收的款项,却要并入销售额,这不合理啊!如果这些款项属于销售方,销售方是愿意来计缴增值税的,毕竟计税后余下的大头还是自己的。但是若只是"过路"的钱,还要对这部分金额计征增值税,则难免令销售方感到委屈。不过,税收规则就是这样,若冒着风险去对抗的话,很可能也是无功而返,该纳税还是要纳。

下面这个案例,是一个老问题,近来屡有发生此项争议,笔者认为有必要结合"营改增"之后的政策梳理一下,进行一些新的解读。

【例3-2】某集团公司,下设有分公司也有子公司,在经营中,对于一些大客户,由集团统一签订服务合同,然后由集团公司与各地的分、子公司共同分工来实施完成。基于纳税人的业务归属,收入由各地公司分别进行计缴增值税。但是集团为了收款的便利,跟大客户约定一并将分、子公司的款项代收了,再通过内部资金池进行分账处理。这里存在一个很大的"雷",即集团公司代收的款项,依增值税的价外费用的理解,需由集团公司一并缴纳增值税,规则层面上是有陷阱的。因为集团缴纳之后,各地作为实际服务方,还要计缴一次增值税,这里是不是会存在重复征税的问题?

分析：《中华人民共和国增值税暂行条例》规定，销售额为纳税人发生应税销售行为收取的全部价款和价外费用，但是不包括收取的销项税额。《增值税暂行条例实施细则》的释义对此进行了相应说明：实施细则中列举了一些价外费用的收取形式，对列举以外的其他各种性质的价外收费，凡是纳税人随同销售货物或者应税劳务向购买方收取的，无论其会计制度如何核算，均应并入销售额计算应纳税额，这是为了保证增值税税基的完整，避免肢解税基，形成征管漏洞，不利于国家税款及时足额入库。因此，对税法规定的不征收增值税的一些费用范围要严格掌握，根据《实施细则》的规定，不征收增值税的费用只限于列举的四项，除此之外，其他的费用一律不得比照该项规定执行。

此时有人提出来："这不明显是不尊重事实、不尊重商务自治原则吗？税法难道还要管企业的商业活动吗？"笔者认为，税收政策确实会倒逼商务活动及交易规则的改变，它虽然不具有监管的功能，但它在发挥着引导的作用。比如税收优惠政策，就具有经济引导的作用；某些计税规则的存在，"趋利"之下，就存在规避与转移的主观安排。做生意，不懂税就可能会吃亏。上面案例中的代收事项，税法并不会限制，但是这么做了就要计征增值税，在这样的结果导向下，自然需要改变代收方式了。若案例中，集团层面并不提供服务，只是提供了收款与集团资金管理的功能，即不产生"价"，只有"外"时，没有应税销售行为，基础没有了，则就是简单的代收代付的行为不会产生价外费用计税的问题。但是税法不会告诉你说："你不能这么做，这样要计税的；你应该那样做，那样不需要计税！"这可能吗？这就是陷阱的选择之痛。

对于价外费用，实际基层执行中有时极可能存在扩大化理解的问题。比如"营改增"之前某地地方税务机关（当下国地税机关已合并）出具的内部意见回复，认为出租不动产在计缴营业税时，要求将所收取的租户押金作为价外费用一并计缴营业税，认为其属于"其他各种性质的价外收费"。我们认为，这明显不属于收入的范围，是需要退还的负债，若将来因赔偿、违约等事项发生，不予退还时再计为应税收入也不迟。类似这种主观性的理解，有时绝对让纳税人"无言以对"。因为相对行政执法方而言，纳税人是处于弱势地位的，"对方动动口，就要跑断腿"。当你面临只能用一种依据来证明对方的理解是错误或不合理的时候，是不是更为困难？实际上这也是日常涉税争议中发生频率比较多的事项。好在"营改增"之后，一些地方的税务主管部门对上述事项进行了恰当地解释，明确不再认为其属于价外费用的范畴。下面是税务总局的解释，具有比较明确的参考价值：

出租不动产收取的押金,若租户退租将退回此押金,请问收取押金时是否需要缴纳增值税?

留言时间:2021年02月19日

答复时间:2021年02月20日

答复单位:国家税务总局网站

答:根据《财政部 国家税务总局关于全面推开营业税改征增值税试点的通知》(财税〔2016〕36号)附件1《营业税改征增值税试点实施办法》第一条规定:"在中华人民共和国境内(以下称'境内')销售服务、无形资产或者不动产(以下称'应税行为')的单位和个人,为增值税纳税人,应当按照本办法缴纳增值税,不缴纳营业税。单位,是指企业、行政单位、事业单位、军事单位、社会团体及其他单位。个人,是指个体工商户和其他个人。"和第三十七条规定:"销售额,是指纳税人发生应税行为取得的全部价款和价外费用,财政部和国家税务总局另有规定的除外。价外费用,是指价外收取的各种性质的收费,但不包括以下项目:(一)代为收取并符合本办法第十条规定的政府性基金或者行政事业性收费。(二)以委托方名义开具发票代委托方收取的款项。"

因此,如不属于上述文件规定的增值税征收范围,无须缴纳增值税。

上述回复仅供参考。

在成文法的法律体系中,有关某些概念或政策的理解上的争议时有发生,通过对法条解释的持续完善、不断补充,有一些问题会越来越清晰,这本身也是法制的进步。减少不必要的争议,减少税收行政的成本,一方面利于纳税人更加主动地、清晰地遵从税法,另一方面也会提升行政的效率与准确性。当法律、法规以及财税部门的规章发布后,一些解释性的规范性文件也会发布,但起草者的本意以文字形式以政策性文件发布之后,就产生了相应的法定规则,对于规则的理解,就可能存在理解偏差,比如缩小化或扩大化理解的问题。笔者经常发现,各地税务机关的政策部门、征管部门或稽查部门,对于同一个问题可能存在多样性的解读,表现在执法层面上,或许会存在是否公平的问题。所以选择成立纳税主体的地点,也是一门功课,这里要考虑到短期利益与长期利益的问题。

还有一个易混淆的问题,即销售收款中的延期付款利息,竟然有人认为要计缴两次增值税。其认为,一是从属于原业务收入销售额的价外费用,计缴增值税;二是还要按照贷款服务再计缴一次增值税。在"营改增"之前,有个别的业务因为划分不清楚,有让计缴营业税，也让计缴增值税，甚至有的专家对此分析来分析去，认为缴一次增值税、再缴一次营业税是对的。这里存在一个基本的常识，一笔收入计缴两次流转税，明显是违背基本逻辑的，税法即使规定得再不清楚，也不至于出现这样的结果。笔者认为，延期收款加收的利息，作为价外费用处理是比较合理的；同时，对于贷款服务，它是基于款项的借出方向款项的借入者收取的资金使用成本，延期付款利息并没有发生这样的形式过程，尽管表现形式为资金成本，但其是一种加收的"销售额"，在理解上需要进行反转考虑，不是销售方收到款项后再借给购买方，跟传统的贷款服务是不同的，所以优先认定为属于原业务的销售额更为合适。之前笔者曾经关注过国家税务总局相关专家对于价外费用和贷款服务的解读，是支持价外费用的观点的。

既然价外费用有此类"陷阱"，那么在交易活动当中，就不宜有"我就要这样做，政策规定不合理，有问题就复议、诉讼"的想法。毕竟时间成本、争议成本，以及复议前置中需要先缴纳税款的条件，不是一般的纳税人能够承担的。

产生问题就要解决问题，方法还是有的。比如很简单的一个解决思路就是代收款项的主体不要由有相关联业务关系、有收入的销售主体来代收，由另一个不相干的主体来代收,可行吗?有人说:"不好,因为没有信任关系!"这就是自己要解决的商业问题了,除非真愿意承担"多计缴一次税"的风险。又有人提出来:"计缴了增值税,不是可以开具专用发票给对方抵扣吗?"理论上是可以开具发票的,不过这个计税行为是销售方自身的处理,并非与对方发生销售行为中的款项,比如案例中购买方付的款项是给到最终提供服务方的,分、子公司会给客户开具发票,若再由代收方开具一份增值税专用发票,购买方取得两份专用发票,但仅支出一份钱,敢不敢都抵扣也是一个问题!有财务人员可能会继续追问:"付款方不直接付款给分、子公司,这跟取得专用发票的开具方不一致,能够进行抵扣吗?"这是抵扣方的风险了,与销售方无关系,是另外一个陷阱问题。有一个"应废止"但没废止的规定,即《国家税务总局关于加强增值税征收管理若干问题的通知》(国税发〔1995〕192号)曾规定:

> 购进货物或应税劳务支付货款、劳务费用的对象。纳税人购进货物或应税劳务,支付运输费用,所支付款项的单位,必须与开具抵扣凭证的销货单位、提供劳务的单位一致,才能够申报抵扣进项税额,否则不予抵扣。

如今,时过境迁,营改增之后,税收治理理念发生了很大的变化,特别是在国务院的主导方向上,财税主管部门人员的认识也突破了一些"技术层面"的纠结,抵扣环境与规则发生了很大的变化,但国税发〔1995〕192号文件似乎还是可以拿出来使用的。购买方一定要注意,若从条文内容来看,并不适用货物或加工、修理修配劳务之外的营改增的应税事项,这一点也得到了相关信息反馈的肯定。

但是,作为纳税人,有时需要换位思考,即不宜只诉说自己的"委屈",一味地认为"都是税务机关的错",若考虑到对方执法的风险,并能够予以考虑与沟通协同的话,结果自然会是向好的。关于价外费用的问题,税收条款摆在那里,避开争议的发生为上策,非要硬杠,是给自己带来不必要的风险。出现问题,光讲大道理,不能落地到税收实务当中,发生不利的结果,又能怨谁呢?

3.3 再付一遍款项成本认可了

这类情形发生的不在少数!

【例3-3】数年前,张三找李四代持投资了一家企业——大强公司,投资金额为1 000万元,张三先将1 000万元汇入李四的个人账户,李四再将资金注入大强公司作为名义出资人。2018年,张三将李四代持的股权进行了变更,过户到自己名下,双方以平价方式签订的转让协议,实际上未进行款项结算。2021年,张三将全部股权进行转让,转让价格为3 000万元,在办理纳税申报时,张三拿出之前支付1 000万元的支付单据作为成本,税务征管人员认为之前张三支付给李四的1 000万元,超过了6个月时间,不能认作其受让的成本,既然成本没有支付无法确定,要按3 000万元所得额计缴所得税。张三认为与事实不符,从代持的角度向税务人员进行解释,税务人员不认可张三与李四的重合身份,认为张三是从李四手中购入的股权,且没有支付对价,当时付的款项是在2018年转让协议签订之前支付的,没有业务关联性。这可急坏张三了,"有理没处讲"啊!

分析:2019年,新个人所得税法开始实施,个人股权转让的税收征管措施日趋严格,其规定:个人转让股权办理变更登记的,市场主体登记机关应当查验与该股权交易相关的个人所得税的完税凭证。其后,各省级税务机关开始陆续与当地的市场监督管理部门以共同的名义明确实施规范,对计算财产转让所得时成本的扣除查核越来越细致,比如对于签订股权收购协议,但暂未支付收购成本形成欠债的,一般不予认可其成本扣减;若个人提出是以现金结算的款项,从笔者接触的案例来看,即使对方持有收据,负责的税务管理人员也不认可成本发生予以扣减。这种不是基于"信任度"给予的认可,可能很多人是表示"无奈"的,税务人员不予认可,也是怕有造假行为的发生,所以不宜过于责怪。既然如此,张三就不想再跟税务机关"沟通"了,而是找到李四说:"哥们,再帮我一个忙,我再给你转1 000万元,随后你再转给我爱人,这样就可以作为我支付给你的股权成本。"张三起始主要是不放心钱的安全,所以这个办法也是想了很久才找李四协商的。张三说:"这不就是一个形式上的操作嘛!"张三当然不能在汇款用途上注明"借款""多少天返还"之类的话,这就涉及信任关系的处理了。难道要去否定这样形式支付的成本吗?似乎有点难,而后面李四再转账给张三爱人的时候,这种情形下不是个人所得税应税所得的类型,也不是简单的赠予关系。如果转让方是一个企业,则就不好处理了,因为钱的进出都是要核算的,也在税务机关的日常可查范围之内。

在个人股权转让的涉税管理中,现实中存在很多有趣的案例。股权转让所得是高收入者的重要财产所得类型,个税征管力度大,规则多,环节多,还有反避税的管理措施。笔者还曾遇到这样一个案例,有一个老板咨询:"我就是为了出国,想低价快点转让公司股权,税务主管机关非要给核定一个较高的价格,这与事实不符啊,凭什么我没有所得还让我空算所得计缴个税呢？"首先，笔者认为，以此抗议，甚至通过复议乃至诉讼来应对这类事项，是困难重重的，因为税收上的反避税措施，税务机关具有主动性与相应的解释权，同时纳税人也面临着较高的时间成本；其次，转让方与受让方之间的利益关系，有时错综复杂，代持的真实性难以凭双方之间的约定得到行政方面的认定；最后，当下对于高收入群体的税收征管力度趋严，大环境之下个人的税收风险管理应更加谨慎。但是，我们又担心反避税的措施也不可避免地伤及无辜，突破规则形成个案化的处理，在法院中也会留下痕迹，谁会承担这样的执法风险呢？

另外，在现实当中，也不乏一些野蛮筹划的案例，"聪明反被聪明误"的情形颇多，比如表3-2所示的情况。

表3-2　　　　　　　　个人股权转让野蛮筹划案例说明

筹划案例	说明	风险
人为虚报报表数据	人为调整报表数据，企图蒙混过关，意在减少被核定调整转让价格的处理。比如因为某些特殊的利益因素考虑，明明公司的股权价值相对比较高，但转让方与看似不相关的第三方受让方就是要以原出资额进行转让，甚至0元转让，如何办？此时对会计报表的数据"做手脚"的事就很可能出现了，笔者也曾接触到这样"瞎调报表"的案例	有的税务机关对于报表数据的延续性、完整性的审核比较严格，但也有蒙混过关的可能，因为报表的数据基数是前一期间的，比如上月末的数据，人为调节的空间比较大

续表

筹划案例	说明	风险
先变更股东,低价转让给新设的合伙企业或个人独资企业,再对外转让变现	此类操作在过往数年中发生较多,财税部门、审计部门对部分明显进行逃避税安排的纳税人作了追缴税款的检查处理,有时也"沟通"按20%补缴个税	2022年开始,政策明确持有股权、股票、合伙企业财产份额等权益性投资的个人独资企业、合伙企业,一律适用查账征收方式计征个人所得税,核定个税之路被堵
私户收款后不进行纳税申报或者不完全进行纳税申报	如股权转让,全部或部分以阴阳合同的方式进行操作,不过受让方将来就面临着成本不能充分体现的问题,若存在争议时,也是可能发生涉税举报风险的	此属明显的"偷税"行为,风险会跟随个人终生,且未来面临滞纳金与罚款的缴纳问题
约定在境外收取部分款项不进行纳税申报	这种情形下,利用税务机关的监控盲区,不纳入境内收款	同上,比如某知名演员的涉税问题
先将被转让企业转移到有财政奖励的招商引资的地方,再进行转让	比如前几年有转移到新疆、西藏等地区的操作,意在取得相应的纳税奖励、减免优惠,不乏有相应案例被追缴	在个别案例中,转出地税务机关有"夺回利润额"征税的情形

　　本节中所讨论的案例,更多体现了税收政策实施过程中税务部门的征管措施所带来的影响,征管流程多数已形成一套严格的行政程序,该严格性体现在税收征管系统的固化处理与管理职责的对接。日常业务中发生的涉税问题,先是依据税收政策的规定来确定涉税义务,但政策中或有漏洞,或存在认知误区,所以涉税争

议频发；有时是源于征管中的实施标准与理解口径存在出入，比如个人转让股权，其上一手的转让方出具了一份证明书，证明转让人欠其债务1 000万元暂时未偿还，并且约定了利息，只是还没有银行的流水证明，当主管税务机关不认可其成本可从转让收入中进行扣减，这类征管中的问题，有的也存在地方性的口径差异，比如有的地方宽松，有的地方紧；涉税问题偶尔也会存在，由于某个主管人员的理解与判断，它带给纳税人的风险具有随机性、不确定性。所以，我们需要谨慎地理解征管当中的认定陷阱，这种认定往往是随着政策的变化而同步发生的。

征管当中的理解口径，可谓是五花八门，因地因时多有不同之处。比如有的企业在注销时，面临着A地税务机关的严格审核，税务机关委托中介机构追查过去数年的账目及涉税处理，这里面的"文章"就比较多了。若再故意搁置多年、不发生业务的情形下办理注销，A地采用从业务停滞时向前追算三年的做法；而B地税务机关的审核相对宽松，虽然也追查过去数年账目及涉税处理，但并没有委托中介机构去检查，在这种背景下，企业老板决定将企业由A地移至B地再进行注销，即做"曲线安排"，现实中偶有此类情形发生。

当老板们在面临这样或那样的税务问题时，开始时难免不知所措，在此背景下，各种各样的中介机构自然少不了，比如有的机构可能会说："我认识某某人，交给我没有问题！"或者有的会说："我们跟某某专家熟悉，了解内部的处理口径，可以帮助少缴税款！"笔者认为，对于有筹划空间的事项，可以接触一下；而对于明显存在弄虚作假的情形，心里还是要有个底的。中介挣的是一时的钱，而企业老板面临的却是一世的事，就算再有担保，有连带责任的承诺，到最后很可能就是一地鸡毛。

最近一年来，国家税务总局查补高收入者偷逃税款的一系列案件，已带来极大的震慑效果，老板们对于重大涉税问题的处理日趋谨慎，也开始重视税收知识的学习与研究。当面对各种培训宣传的诱导，以及自媒体的小视频中没有边际、夸大其词的节税广告，会发现鱼目混珠者众多。面对这些选择时，要小心里面是否有另外一种陷阱！让你筹划时话说得太满，出现问题时应该怎么办呢？现实中很多人受利益蛊惑从而产生了极大侥幸心理。

3.4 股权转让价格计税的"坑"

下述案例源自笔者观察到的一个查补企业所得税的

真实案例。

【例3-4】大强公司投资了小强公司，初始投资成本1 000万元，占股30%。2021年1月1日，大强公司转让持有的小强公司30%的股权给宏力公司，小强公司的留存收益是3 000万元，没有资本公积。大强公司与宏力公司约定，转让价格为1 000万元加上待分配的利润900万元，共计1 900万元。2021年度企业所得税汇算清缴时，大强公司认为取得的转让所得900万元是税后所得，不能再重复纳税，所以没有进行申报。结果税务机关通过工商变更的信息获取了上述股权转让的交易事项，顺藤摸瓜查到大强公司的涉税处理问题，要求就900万元所得补缴所得税。

分析：企业的处理明显不对，《国家税务总局关于贯彻落实企业所得税法若干税收问题的通知》（国税函〔2010〕79号）明确规定：

三、关于股权转让所得确认和计算问题

企业转让股权收入，应于转让协议生效且完成股权变更手续时，确认收入的实现。转让股权收入扣除为取得该股权所发生的成本后，为股权转让所得。企业在计算股权转让所得时，不得扣除被投资企业未分配利润等股东留存收益中按该项股权所可能分配的金额。

因为小强公司本身并没有作出分红的决议，大强公司无权自行要求小强公司进行分红，即该利润部分的股权定价不具有确定性，在没有决议分配之前，仍属于公司法人的独立性资产，双方确定转让价格时，未分配的利润属于公司资产的一部分，并不必然可以独立出来属于当前的股东所有或归属于股东。笔者曾经在网络资料中查阅到《山东省高级人民法院关于审理公司纠纷案件若干问题的意见（试行）》（鲁高法发〔2007〕3号），其中提出了有借鉴意义的意见：

（三）利润分配纠纷

67.有限责任公司全体股东约定不按照出资比例分配利润的，该约定有效。该约定对于形成约定后新加入的股东没有约束力，但新加入的股东明确表示认可的除外。

68.公司股东会、股东大会形成利润分配决议，但未向股东实际支付的，股东有权提起诉讼要求公司履行支付义务。

公司股东会、股东大会未形成利润分配决议，股东提起诉讼要求分配利润的，人民法院不予支持。

69.股东以公司可分配利润大于股东会、股东大会所确认的数额为由提起诉讼，要求按照实际数额分配利润的，人民法院不予支持。

70.股东以股东会、股东大会确认的利润分配比例错误为由提起诉讼,要求按照其他比例分配利润的,人民法院不予支持。

71.股权转让前,公司股东会、股东大会已经形成利润分配决议的,转让人在转让股权后有权向公司要求给付相应利润。

转让人因股权转让丧失股权后,股东会、股东大会就转让前的公司利润形成分配决议,转让人要求公司给付相应利润的,人民法院不予支持。

转让人或受让人不得以其相互之间的约定对抗公司。

72.股东瑕疵出资的,公司或者其他股东可以主张按实缴出资数额向该股东分配公司利润。

企业所得税相关政策规定,对于股息、红利等权益性投资收益,除国务院财政、税务主管部门另有规定外,按照被投资方作出利润分配决定的日期确认收入的实现。即作为独立法人的企业,其账面保留的利润,在没有决议分配之前,股东并没有索取权,依税法规定,也并没有实现收入,当然无从支持"免税所得"的结论了。也有人提出来:"为什么会计方面可以支持权益法核算投资情形下,依被投资企业的利润变化作出损益方面的计量调整判断呢?"这是因为,会计是基于算账的角度进行的计量,也有的是基于预期作出的预测,这类情形下按持股比例进行的利润可分金额核算的预先计量,是一种预期性的数据,投资方没有所有权,也没有追索权,事实也未发生。

有人问:"在自己可以控制企业时,提前作出决议,再转让应收分红的债权,是不是就行了?"笔者认为,在理论上是可以的,当下的一些企业也是这样操作的,即在转让股权之前作出分红决议,就其所得享受免税待遇,以此降低应税转让所得计缴企业所得税的税负,这算是一种比较普通的规划方式了。

如深圳某公司(603978.SH)在《关于对2021年年度报告的信息披露监管工作函之回复公告 2022-05-28》中披露:

二、说明交易作价由原来的9 500万元调整至3 500万元、合同生效条件变更为自绵×萤矿将采矿权证抵押给公司后生效的原因及合理性,并说明变更前、后相关会计处理差异及对公司财务的影响。

公司回复:

(一)说明交易作价由原来的9 500万元调整至3 500万元、合同生效条件变更为自绵×萤矿将采矿权证抵押给公司后生效的原因及合理性

2020年11月30日，公司与瑞×金鑫签订《股权转让协议》及《股权转让协议之补充协议》，公司将持有的绵×萤矿100%股权作价9 500万元转让给瑞×金鑫，《股权转让协议》生效后15个工作日内瑞×金鑫向公司支付第一笔股权转让价款4 850万元，剩余股权转让价款4 650万元分5年支付，即2021年度至2024年度每年12月31日前支付1 000万元，2025年12月31日前支付650万元。为确保剩余股权转让款的支付，在本次股权转让完成工商变更手续后，瑞×金鑫应促使绵×萤矿将其名下的采矿权抵押给公司，并办理相应的抵押登记手续。

2020年12月1日，绵×萤矿召开股东会，决议绵×萤矿向公司分配利润6 000万元。

2020年12月29日，公司与瑞×金鑫、绵×萤矿签订《股权转让协议之补充协议二》，参照绵×萤矿2020年9月30日经评估和审计的净资产及绵×萤矿账面未分配利润60 007 069.07元，修改《股权转让协议》中转让价款及支付方式：由绵×萤矿向公司支付未分配利润6 000万元，本期股权转让的价格相应调整为3 500万元。绵×萤矿应于2020年12月31日向公司支付股利1 350万元，剩余4 650万元分5年付清，即2021年度至2024年度每年12月31日前支付1 000万元，2025年12月

31日前支付650万元。

2021年4月,瑞×金鑫公司来函提出拟向赣州市矿管部门申请对绵×萤矿扩容,提高萤石储量,扩大开采量,根据相关政策要求,不能进行采矿权证的抵押,要求暂停执行该条款,公司不同意瑞×金鑫公司所提出的"暂停执行该条款",双方针对该条款的执行存在争议,经与瑞×金鑫公司、绵×萤矿协商一致,于2021年4月15日签订了《股权转让协议之补充协议三》,约定本次出售子公司股权交易事项自绵×萤矿完成采矿权证抵押手续之日起生效。

公司将转让价款支付方式由直接作价9 500万元调整为绵×萤矿向公司分配股利6 000万元,股权转让价格相应调整为3 500万元主要是出于节税目的考虑。根据《企业所得税法》第二十六条规定,"对于符合条件的居民企业之间的股息、红利等权益性投资收益以及符合条件的非营利组织的收入免征企业所得税。"《国家税务总局关于贯彻落实企业所得税法若干税收问题的通知》(国税函〔2010〕79号)规定,"企业在计算股权转让所得时,不得扣除被投资企业未分配利润等股东留存收益中按该项股权所可能分配的金额。"股权转让价款支付方式调整后,绵×萤矿向公司分配的6 000万元利润符合《企业所得税法》中关于居民企业之间股息、红利等权益性投资收益免征企业所得税的相关规定，可以减少公司企业所得税支出。

公司与瑞×金鑫签订《股权转让协议之补充协议三》，约定本次出售子公司股权交易事项自绵×萤矿完成采矿权证的手续之日起生效的原因主要是为降低本次交易的风险，确保剩余应付股利的支付，促使瑞×金鑫按照协议约定及时办理采矿权证的抵押登记手续。

股东若是自然人，则分配时需要以股息红利按20%税率计缴个税，这跟股权转让时就转让所得的计税税率是一样的，并不存在规划的空间。但是，这对于受让方却是有关系的，之前笔者曾查阅到《中国税务报》登载的一篇文章，发现一个颇有意思的问题。

股权转让之惑：谁是纳税人

朱瑞国　邢小华　本报记者　况淑敏

一户企业的甲股东将其持有股份以股本＋待分配股息红利的方式转让给了乙，并就其所得申报了个人所得税。乙拿到股息红利后，还需要缴纳个人所得税吗？就这个问题，近日当事人通过行政复议途径向A市B区地税局提出了质疑。

A市B区地税局C分局税收管理员小张最近有些郁

闷,他没想到一个看起来简简单单的有关股息分红的税务处理,竟然惹来了行政复议,让自己和C分局陷入被动境地。

一个税务处理:让取得企业股息分红的股东缴纳个税

在小张分管的片区内,有一户企业——D公司最近派发股息红利。这引起小张的高度关注。仔细梳理比对相关信息后,小张发现D公司股东陈某在分得50万元的股息红利后,没有按照税法规定申报缴纳个人所得税10万元。

小张马上联系D公司,核实确定该公司没有为陈某代扣代缴相关税款。之后,小张联系陈某,告知其取得50万元股息红利后应履行的纳税义务,得到的回答却是:"我虽然分到了50万元的股息红利,但这笔红利的纳税人并不是我,而是前股东李某,李某将股权转让给我时已经缴税。"

为弄清楚实际情况,小张调取了有关股权转让的协议和纳税资料。股权转让协议里写明:股权出让人李某因身体原因不能继续参与D公司经营,故将自己持有的公司股份转让给陈某。股权转让时,李某请求分红,而D公司暂时没有分红意向。经过协商,李某和陈某达成一致，以转让当期会计报表账载的未分配利润为基数，对李某享有的对应未分配利润50万元，一并转让给陈某。故陈某除了向股权出让人李某支付股本100万元之外，需另行向李某支付未分配利润50万元。税单资料显示，李某当时确实就这50万元转让额申报缴纳了个人所得税10万元，由D公司代扣代缴，只是申报的品目是股权转让所得。

李某的所得是股权转让所得，缴纳的是股权转让所得个人所得税。陈某拿到的是股息分红，应缴纳的是股息红利个人所得税，况且纳税人不同，陈某怎能"张冠李戴"？这样思量后，小张整理D公司的分红决议和银行转款单作证据，将情况汇报给C分局管理科。经过进一步调查核实，C分局向陈某发出"税务事项通知书"，要求其就50万元股息红利所得申报缴纳个人所得税，同时对D公司未履行有关代扣代缴义务的行为另行处理。

纳税人申请复议："该缴纳这笔税款的人不是我"

陈某对此处理不服，在缴纳有关税款后向B区地税局提出了行政复议申请。

申请人陈某在复议申请书中主要申明了三点内容：一是申请人不是纳税争议涉及的50万元股息红利的纳税人。因为该50万元分红是分配给前股东李某的，故李某才是正确的纳税人,且李某已经为该笔分红缴纳个人所得税10万元。二是纳税争议涉及的50万元股息红利之所以直接支付给了申请人,是债权转让的结果。D公司应分配给前股东李某的50万元股息红利属李某拥有的债权,只是因为在股权转让时该笔债权尚未到期,即D公司未到股息红利分配时间,所以李某转让股权时一并将该预期债权转让给了申请人。三是债权是平价转让,申请人从中并没有获得所得,故不需要缴纳个人所得税。综上所述,申请人不是该笔股息红利的纳税人,故请求撤销被申请人作出的"税务事项通知书",并将征缴的税款退还给申请人。

C分局回应:让陈某就股息红利所得缴税有根据

收到陈某的复议申请,B区地税局立即组成行政复议委员会对本案展开复议。

复议过程中,被申请人C分局对申请人的请求逐一予以回应。

第一,申请人是D公司的股东,其存在股息红利所得,应该就其所得缴纳个人所得税。D公司本次股息红利分配决议列明申请人取得股息红利50万元,依据个人所得税法第二条、第六条规定,应该申报缴纳股息红利个人所得税。

第二,申请人认为其分配到的50万元股息红利,纳税人是前股东李某,且李某已经就此所得缴纳个人所得税,这是申请人对税收法律的误读。实际情况是,前股东李某转让股权的收入,扣除股本后,剩余所得是财产转让所得,并不是股息红利所得。两种所得虽然纳税税率一样,但针对的纳税环节不同,一个是对财产转让环节的所得征税,另一个是对资本投资环节产生的所得征税。

第三,股权转让所得50万元,并不是因为存在待分配的股息红利,而是因为D公司经营效益好,所以股权转让时可以溢价转让。这就如一家上市公司的股票上涨一样,并非基于该公司的未分配利润,而是基于市场对该公司盈利潜力的预估。故上述两次所得征税环节不同,对应纳税人也不同,申请人是股息红利所得的正确纳税人,应足额缴纳个人所得税。

综上所述,依据个人所得税法第二条、第六条规定,申请人应就所分得的股息红利全额缴纳个人所得税。

复议结果:撤销C分局作出的有关行政处理

前股东李某拿到的50万元是股息红利还是转让所得?陈某取得的50万元"分红"是基于债权转让还是基

于分红？究竟谁是这50万元股息红利的纳税人？面对本案事由和争议焦点，复议委员会成员展开了热烈讨论。

讨论明显形成两种观点。一种观点认同被申请人的意见，即认为有关所得是两次所得，纳税人不同，若认定50万元股息红利分配的纳税人是前股东李某，则意味着当时的有关股权转让是平价转让。而根据当时D公司的所有者权益情况，平价转让是无正当理由的低价转让，按照法规规定需要核定。若核定，依据国家税务总局2010年27号公告第三条第（一）项，核定转让所得金额是50万元，所以不管股权转让当时转让人与受让人协议内容怎么写，核定的转让所得就是50万元，不存在所谓的红利预期分配情况。故本次股息红利分配，其股东应该根据分配额全额缴纳个人所得税。另一种观点则支持申请人的意见，认为该笔50万元股息红利分配的纳税人实际上是前股东李某，李某和陈某之间存在一个债权转让的问题。

对照有关法律规定权衡后，复议委员会最终决定支持申请人的意见，撤销C分局作出的相关税务处理。理由有三：一是股权转让时，股东李某能够在股本之外获得50万元，是基于转让时其在公司存在待分配的股息红利。待分配的股息红利是李某取得财产转让所得的基础，故该转让所得实质是股息红利。二是申请人之所以能够从D公司取得本案争议涉及的50万元分红,是因为债权转让。在股权转让协议中已经列明D公司若分配股息红利,则将归属于李某的50万元股息红利转分配给陈某,为此陈某需先行支付给李某50万元。三是本案涉及的50万元股息红利的纳税人是李某,不是申请人。财产转让不仅有股权转让,预期收益也可以转让,本案中申请人作为股权受让人,其在股权受让和本次分红中,并没有取得所得,故不需缴纳个人所得税。

结案思考:税收执法需要透过表象看实质

复议结束了,但税收管理员小张仍然想不开:明明是两个不同的征税环节,涉及的是不同的纳税人,怎能合在一起考虑?对此,参与此次复议的一些税务人员有同样的疑虑,觉得"张冠李戴"的复议结果存在导致税款流失的风险。

笔者赞同本案的复议结果,认为有关担忧大可不必。理由如下:就本案来看,陈某的主张有其合理性,且符合交易实际。现实中,在针对个人股权交易明显偏低进行纳税调整时,其中一种方式是基于企业净资产进行配比,但实质还是在考虑股权转让人的预期收益。正是转让人存在预期收益,其平价转让股份才属于明显偏低。而预期收益对应的是企业账面上的未分配利润、盈余公积和资本公积,此类权益分配需要缴纳的是股息红利方面的个人所得税。所以，在确认股权转让所得时，应该考虑此类所得的实质。这样处理并不存在税款流失的风险，今后陈某再转让有关股权时，50万元分红所得将不被视为成本，通过税收审核可以保障涉及税款入库。

当前，个人股权转让涉税问题较为复杂，存在"阴阳合同"、现金交易等难以监管的情形，如何去伪存真，需要税务机关练就"火眼金睛"的本事。针对股权转让涉税问题，国家税务总局虽然作出了法律规定，但不可能对各种复杂交易情形面面俱到。因此，实际执法过程中，税务机关在遇到没有明确法律规定的问题时，需要透过表象看实质，兼顾依法征税和维护纳税人的权益。

循着上面文章层层递进的逻辑，笔者认为，即使是自己一个人投资的一人有限责任公司，其法人资格也是独立的，不能认为企业的留存收益就是已经属于自己所得的分红，毕竟有《中华人民共和国公司法》在，不排除未来经营亏损"吃掉"了。若是没有法定的程序，就不宜认可拥有了分红利益。有人提出来："这不就是自己决定的事吗？不就是一张纸吗？"诚然，可以这样简单理解分红决议，但是做没做，事实就是事实，这个需要有基础、合法地来讨论。有人提议能不能补签一份分红协议，如果双方认可，可能也有筹划空间，但是这样的情形下，取得所得申报纳税的性质就要改变。从人之常情层面、从经济计量的理解上，似乎认可是有道理的，况且是时间性的差异，是不是可以让一步呢？

受让方认为其取得的是转让方转让时约定的分红时，要取得分红的决议，未来可扣减的投资成本就要减少；受让方受让后按20%分红计缴个税的情形下，是将受让的价格全部计为未来可抵减的投资成本，这是时间性的差异（见表3-3）。但是，当前不纳税就好了，这也是很基本的一个诉求，从减少矛盾的角度出发，给予让步，似乎是一种仁政的体现，但若都这样判断，税收规则就要另改了，笔者认为该处理不是很恰当合规。

表3-3　　　　　　　分配利润情形下转让股权的涉税处理

事项	转让方	受让方
股息红利的理解	可分配的利润按20%税率缴税	受让方应收债权处理但未来扣除的成本需扣除该差额
转让所得的理解	转让所得扣减股息红利所得按20%税率缴税	未来转让或者是减资、注销时可作为购买成本扣除

【例3-5】一位伙伴咨询：甲公司转让其持有的大强公司股权，受让方为乙公司，股权转让价格为8 500万元，协议中约定该转让包括大强公司账面上应分配而未分配的利润3 000万元，这3 000万元利润甲公司能否享受免税？有什么补救的措施？

分析：综合上面我们进行的系列分析，该案例中存在一个技术性跟实际情形相结合的问题，比如若是在转让之前先行作出利润分配的决议（有账面可分配的利润，即使没有钱也可以），再将分红应收的债权转让给受让方，这在《中华人民共和国公司法》及相应的民法方面是有保护的，也是可行的。若说补救的方式，可以考虑签订一份补充协议与作出相应的分红决议来解决。可能有人提出来："若是不分红，买受方受让公司股权后，即进行分红，享受股息红利的免税，同时再作清算，岂不是用购买价8 500万元，得到3 000万元的免税收入，同时形成3 000万元的税前可扣除损失吗？"若对方公司的资产公允价值就是8 500万元，分红3 000万元，余下的相当于收回5 500万元的公允价值的资产，这是政策规定之下的利益享受与扣除权利，站在国家的角度，看的是整体性，而不是个体之间的利益之争，若存在争议，则由彼此之间协定的商业条款来调整就好了。

3.5 债权与债务随便互抵销账轻易要不得

最近，笔者在某专业知识学习群里看到有人发了一个这样的求助：

"公司要注销了，账面上还记着应付股东的款项300

万元，无力支付，要转为所得计缴所得税，有专家帮着指导一下吗？"

很多人遇到过这类问题，常用的方式就是债转股记入资本公积，转化为股东的投资，注销之后作为投资损失处理，跟收不回债权是一样的结果，这不是挺好的办法吗？此时股东通常会出一份债转股的协议，将相应的债权转入资本公积中，不进行增加注册资本的操作，这样就没有转入所得需要计税的要求了。不过，这也不是千篇一律的方法，比如有多位股东的情形下，操作就不一定这么简单了。

笔者曾经遇到某个国企的子公司要注销，当时因为有股东投入的数千万元的借款挂账，难以承受无须支付转为应税所得产生的所得税的成本，因为这时候企业账面基本上已没有钱了，再让股东投资注入资金来缴纳企业所得税，在程序上也很难操作，真要注资用于补税似乎得有人承担责任吧。

【例3-6】某企业拟进行注销，账面有债权，也有债务，其中有应收账款1 000万元，应付账款900万元，应收账款多是关联方的账款，不再去要了，此时作资产损失税前扣除也比较难。于是企业财务人员想了一个办法，将债权与债务一并作价0元转让给老板本人，这样就一起"抹账"了，至于老板未来要不要还款，要不要收回款项，则再议。有的情形下涉及债权与债务方都是相关联的主体，则签订一份多方抵债协议销账，也有这样操作的。

分析：实务当中，民营企业的往来款项特别复杂多样，彼此之间转移频繁，且很多都只是一个挂账的数字，有的情形下老板已经将其间接转为私有了，有的款项在别的项目上已支付完了，有的就是一笔糊涂账，老板所控制的公司，其资金使用算的是一个大盘子，并不像税务上一样，每个公司都是独立核算主体，要分得非常清楚。

【例3-7】大强公司数年前投资了一家房地产企业小强公司。受疫情及调控影响，房地产业面临经营的不确定性。此时小强公司有银行贷款1亿元临近到期，公司估价3 000万元（估值是扣减贷款及利息之后的价值），但因为当时大强公司为小强公司的贷款提供了担保，这1亿元还不上可是个大事。由于房产暂时无法清盘处理，也没有市场，无奈之下，大强公司只能忍痛割爱，将小强公司100%的股权转让给大融公司，并且双方在合同中特别注明，小强公司的贷款1亿元，由大融公司负责偿还，净转让定价2 000万元，相较于公允价3 000万元降价了1 000万元进行转让，这种情形下，股权转让收入是多少？

分析：有人提出："定价不是2 000万元吗？这就是交易价格，以此核算转让收入计算所得税！"这个事情，还真是比较复杂，屡有争议发生，争议点在于大融公司承担的1亿元要不要并为转让收入。笔者发现数年前曾有类似承债式的公开案例报道。而前段时间，曾有风控方面的相关人员与笔者也探讨过此类问题。

笔者认为要从以下两个方面来考虑：

第一，若不存在担保关系，笔者认为按2 000万元计收入是对的，但合同上不宜这么直白地描述大融公司需要同时支付其担保的1亿元贷款。毕竟贷款事项与大强公司无关，大强公司也没有挪用此笔贷款，这是小强公司的贷款，大强公司转让股权也是考虑了贷款对自身品牌或声誉的影响。约定由大融公司来还贷款，但如何还呢？是借款补给小强公司，还是入资注入小强公司，并不由大强公司决定，恰因合同条款的约定过于简单，极可能引起税务人员的误会，即认为1亿元也是转让收入的一部分。笔者发现很多人是持这样的观点的，这是一个很大的"计量陷阱"。在不存在担保关系的情形下，笔者认为这是一个误伤，干干净净的转让价是2 000万元，而且交易双方不是关联方，在企业所得税的规则中是不能套用个人所得税所谓的反避税方式下的"核定收入法"的。

第二,若存在担保关系,则就要谨慎了。笔者曾参与研讨过某地类似的涉税诉讼的案子,转让中涉及担保权的转移,最终因为被转让方无钱还款,受让股东"兑现"担保给予借款,被认定为属于转让价格的组成部分而被征税。是不是感觉有点"冤"?此时就特别要注意合同条款的约定,不要简单地列在交易条款中,否则极可能被认定是担保权计价转移的问题。交易的初衷就是小强公司很可能还不起钱了,大强公司自己也面临着困难,此时大概率要发生违约了,担保方的担保义务面临着诉讼的风险,这不就是找人为自己出钱,而不单单是给小强公司出钱吗?这样一分析,是不是感觉风险就越来越大了?

从商务条款的约定,到转让标的的定价,这其中的关系是多层次的,不同的人或有不同的理解。一旦与税务机关产生争议,还真不是自己可以随意解释得通的。所以在合同条款起草、法务审核时,切记不宜跟转让方的利益产生关联,也不宜并列写在转让价格的条款项下。可以考虑单独签订一份补充协议,约定交接中的一些事项,比如相应的债务由被转让方与受让方自行解决,与转让方无关等,体现出利益与转让方无关,是重要的内容表示。就在近期,笔者亦接触到某个人股权转让被举报偷税的案件,当年合同中约定了承担其担保负债的条款,结果当然也是被计为股权转让收入之内。

3.6 业务主体与纳税主体之间的匹配陷阱

受疫情影响,国家大力扶持小微企业的生存与发展,力度非常大,比如对增值税小规模纳税人的减免税优惠,真是"优惠到家"了;同时,对于小型微利企业的企业所得税优惠,其税负成本几乎可以忽略。

下面这个案例,在实务当中非常多见。

【**例3-8**】张三投资设立了一家企业,起名大强公司,刚成立时按小规模纳税人进行增值税处理。2022年3月,因为过去一年的收入达到了500万元,被要求转为一般纳税人,其中,提供服务的业务,增值税适用税率为6%;销售货物的业务,增值税适用税率为13%。由于进项相对较少,且没有相应的优惠政策,张三感觉税负一下子增加这么多,承受不了。后来,张三想到了一个办法,即以公司员工的身份又成立了一家企业,部分收款转到新企业开发票、收款结算。忽然有一天,大强公司所在地的主管税务机关通知张三,要求其解释一项风险事项:为什么大强公司支出成本较大,收入较少?大强公司的财务与管理人员解释是因为业务转移了,新公司在做业务。税务工作人员提出异议:"大强公司的成本发生在大强公司，收入就应在大强公司体现，而不能人为转移到新企业中！"遂要求企业将新企业的收入转到大强公司计算补缴增值税、企业所得税，并且明确，业务明显是大强公司的人员做的，因为新企业没有成本发生，也没有雇佣人员，这是明显的偷税行为。

分析：笔者认为，税务机关对此类风险的排查，是具有针对性的，现实当中此类情形比较多见，之前没有引起特别大的重视。而随着风控管理的加强，被关注、问询甚至检查的情形将会多起来。当一个老板拥有多家企业时，很容易出现收支不匹配、账务混淆的情况，部分老板并不重视，认为"肉烂在锅里，一家人不需要分得那么清楚"。但是税法的立意却并不是这样，因为企业是独立的纳税人，需要有相应的税收主体独立性与财产利益独立性的考虑。案例中，大强公司承担了没有相应收入的成本，这明显有问题，若能够说明新企业从事了相应的业务，承担相应的权利与义务，则相当于大强公司向新公司提供了支持，新企业需要给予补偿，在这种情形下，大强公司从新企业处取得收入，逻辑才说得通，事情最后也顺利处理了。

这时会有一个问题，当新企业还没有成立之时，能否以其名义对外发生业务呢？首先，设立中的公司对外发生业务关系，现实当中很常见；其次，依照《民法典》等相关规定，设立中的公司具有相应的其他组织的特征，可以作为一种民事主体存在；最后，通常可以认为签订投资协议或者章程时就可以考虑设立中公司的身份问题了。所以，不能简单地认为，公司没有正式地办理登记并拿到营业执照，就没有成立，就不能开始发生业务。这类观点是不成立的，何况成立后公司也是可以以合同形式进行追溯确认的。

"亲兄弟，明算账"，建议创业人开始就关注一下此类问题，等到被质疑之时再改正调整，就太被动了。不过，笔者观察到有的老板在各地招商引资的服务机构的引导与提议下，成立了数十个甚至上百个小规模纳税人的个体工商户、个人独资企业或者公司，来拆分收入从而规避正常的纳税义务。首先这种做法的真实性能不能保障很难说，其次还要考虑一个合理性的问题，比如某自然人的户口在北京，薪酬取得地也在北京，但是主要的所得却是从异地某企业取得的经营所得。有时候，税务机关会关注比如某个园区的众多企业中，一些投资人、财务负责人的名字、电话是一样的，数十个甚至上百个一样的，此时很可能存在一些风险，比如虚开发票、逃避税款的安排等事项。稍有不慎，很可能被标上存在虚开的标识进行风险管理。甚至某些时候，这种园区的中介机构还充当介绍人的角色，给一些有"额度"

的企业介绍生意做，参与分成，干起了"倒卖发票"的生意。

总之，无论做哪方面的规划，除了形式上有载体、逻辑上无硬伤之外，还要注意人、财、物的划分，以及业务的独立性问题。各管各家，减少彼此之间划分不清、混淆入账的情形。否则稍有偷懒，就可能发生不利的结果。

3.7 取得的增值税专用发票税率开具不准确的问题

近年来，特别是2022年下半年，国家积极推进行业性的留抵退税，但是在退税的同时，税务机关也会对退税企业的合规情况进行分析、评估，甚至稽查，防范出现骗取国家留抵退税款的情形，打击偷逃税款、虚开发票的行为。

其中有一种情形，还真不一定是纳税人有意为之，也没有形成骗取国家退税款的后果，结果被税务机关认为有问题，对已抵扣的进项税额要求转出作补税处理。具体的情形是怎样的呢？我们先看一下下面这个案例。

【例3-9】甲公司是一家生产型企业，2018年将某建筑工程承包给乙建筑公司由其建造，甲公司提供了一些建筑安装材料,在结算时,取得了乙方开具的税率为9%的增值税专用发票,由于进项税额较大,形成留抵税额,约为3 000万元左右。恰逢财政部门实施存量留抵退税政策,企业顺利地办理了退税,但随后税务机关的风险管理部门在排查中认为甲公司取得的专用发票有问题,不应是9%的税率,而应是按简易计税方法开具3%的征收率的发票。所以该专用发票属于不合规的抵扣凭证,不能进行抵扣,更不能予以办理退税,有故意增大进项留抵退税的嫌疑,并且要求将已退的增值税予以退还,还要进行罚款处理。

分析:首先了解一下税务机关作出判断的依据是什么。

财税〔2016〕36号文件规定了一般纳税人为甲供工程提供的建筑服务,可以选择适用简易计税方法计税(甲供工程,是指全部或部分设备、材料、动力由工程发包方自行采购的建筑工程),但财税〔2017〕58号文件作了进一步的限制性规定:

一、建筑工程总承包单位为房屋建筑的地基与基础、主体结构提供工程服务,建设单位自行采购全部或部分钢材、混凝土、砌体材料、预制构件的,适用简易计税方法计税。

地基与基础、主体结构的范围，按照《建筑工程施工质量验收统一标准》（GB50300-2013）附录B《建筑工程的分部工程、分项工程划分》中的"地基与基础""主体结构"分部工程的范围执行。

我们不去讨论财税〔2017〕58号文件中限制选择权的背景如何，单从政策适用性看，财税〔2016〕36号文件给予了一般纳税人选择权且条款并未明确失效，这里存在政策方面的可探讨空间；另外，我们回到商业场景中，在一些建筑服务业务中，其实开具发票的类型并不是可由提供服务方完全自由选择的，部分是基于购销双方之间利益谈判取舍之下的商讨结果。财税〔2017〕58号文件中的情形，直接明确简易计税的适用政策，而不是选择，笔者认为是有利于在商业经营活动中"保护"建筑工程总承包单位的权利，减少了对方索要9%专用发票的争议，有利于减少商业沟通成本。尽管在理论上，提供服务的一方可以以"不含税价格"进行投标报价，在此基础之上对方付多少增值税税额，就让对方掏多少钱"购买"进项税额。但现实当中，部分建设单位凭"有利地位"，一方面要求销售方的服务价格有竞争性，另一方面又要尽量多地得到进项税额，对于商业利益的追求，往往不一定就是那么公平。从这方面看，财税〔2017〕58号文件取消选择权就有其商业上的价值了,至于该文件的背景如何,可能需要更多了解才行。

关于财税〔2017〕58号文件,还存在一些理解争议,比如文中所列举的钢材、混凝土、砌体材料、预制构件四项货物,若适用简易计税方法,是"四样"全部或"四样"部分?还是只要具有"某一样货物"的全部或部分,就能适用简易计税办法呢?这似乎又是文字理解之难,但也是纳税人给自己找理由的空间。进一步看,若建设单位还有采购其他建筑材料,行不行?笔者认为不应对此进行限制。若从安全角度考虑,极端来看,建设单位买"一根钢筋""一袋水泥"是不是就达到了文件中的条件呢?或许现实生活中就有这样的防范性手段。对于税法上某些规则的边界,专业服务者可能爱钻牛角尖,不过这就是税法上有意思的地方,有或无是定性的问题,多或少就是计量的问题了。

对案例中提到的9%税率的专用发票,笔者认为不宜简单地直接就定性为不合规的抵扣凭证。

第一,从财税〔2017〕58号文件的规定看,财税部门的意见是倾向于以3%简易征收率为合规的处理标准,此时取得的9%税率的专用发票是基于不合规的处理之下开具的,不得抵扣,若有留抵退税的,不能进行留抵退税,此时购买方主管税务机关认为"提供服务方故意多开甚至虚开"时,不就存在扩大化定性的问题了嘛!

第二,从沟通的角度,本案例中的发票开具存在业务真实性,开具方也已完整地计缴了增值税,且在适用条件上,对于财税〔2017〕58号文件的理解存在探讨的空间,因为在整体链条上开具9%的专用发票,并未少缴国家税款。有的专家提出:"适用简易计税方法计税"里面没有"应"的表述,是不是也不代表强制性?或者有的人提出来:"财税〔2017〕58号文件剥夺了纳税人选择的权利,是存在问题的,凭什么否定一般计税方法呢?简易计税方法本来是例外情形下才选择的事项,不符合常规的原则啊!"若有争议复议或诉讼时,一并提出对财税〔2017〕58号文件的合法性审查,或可作为一个探讨的条件。若能够了解财税部门在颁发该意见时的背景,或许会更好理解一些。

简单化地进行文字方面的理解与执行认定,表面上看来是严格执法,但若是在严格执法之时有一些温度,会不会更好呢?毕竟一方缴税,另一方抵扣,抵扣方暂时未抵扣竟然给予退税,也没有税收损失的问题,这实际上就是前纳税人的"钱"。

记得多年之前有一个案例,某企业从东北某省购入农产品,对于是否可按初级农产品的13%税率(当时的税率为13%)开具发票存在争议,抵扣方的主管税务机关对此反对,认为开具发票的税率不准确,不允许抵扣,由于此税额巨大,最终上报到上级税务机关才进行妥善处理。

政策本身的"刚性"与"弹性"的界定标准,往往就是纳税人面临的一类风险点,也是追逐利益的陷阱。如表3-4所示的事项需要我们加大关注。

表3-4 关注事项及其风险说明

选择空间	事项	描述	风险说明
增值税计税方法的强制性事项	混合销售	在一项交易中,当"货物+服务"同时发生时[①],会出现诸多的判断适用的难点,难以划分清楚。由于缺乏金额的量化标准,单以定性来判断,实属困难,当下财税部门已对部分情形进行了明确规定,不再强求全部以此规则判断	基于主体的营业项目,选择有利的主业,但要注意一个主体中未混合计税、人为拆分的计税情形。营改增后,部分地区主管部门的原则是,认可了发生上述混合销售行为时,只要企业独立核算,允许以兼营计税方式处理,实际上是对政策条款的突破

---

① 财税〔2016〕36号文件第四十条规定:一项销售行为如果既涉及服务又涉及货物,为混合销售。从事货物的生产、批发或者零售的单位和个体工商户的混合销售行为,按照销售货物缴纳增值税;其他单位和个体工商户的混合销售行为,按照销售服务缴纳增值税。

本条所称从事货物的生产、批发或者零售的单位和个体工商户,包括以从事货物的生产、批发或者零售为主,并兼营销售服务的单位和个体工商户在内。

《增值税法》草案中给出:"一项应税交易涉及两个以上税率、征收率的,按照应税交易主要业务适用税率、征收率。"

续表

选择空间	事项	描述	风险说明
增值税计税方法的强制性事项	同时发生销售与建筑安装服务的特定情形	纳税人销售活动板房、机器设备、钢结构件等自产货物的同时提供建筑、安装服务,不属于《营业税改征增值税试点实施办法》(财税〔2016〕36号)第四十条规定的混合销售,应分别核算货物和建筑服务的销售额,分别适用不同的税率或者征收率	此处为"应当",销售自产三类货物同时提供安装服务的,以兼营方式分别计算增值税
	价外费用事项	价外费用事项比如代收的款项、加收的运输费用成本等,按照主收入的税率来适用(不包括例外不需并入的项目)	从"主税率"适用计算增值税
选择性事项	同时发生销售与建筑安装服务的特定情形	一般纳税人销售外购机器设备的同时提供安装服务,如果已经按照兼营的有关规定,分别核算机器设备和安装服务的销售额,安装服务可以按照甲供工程选择适用简易计税方法计税	此处为可选择性的事项,属于纳税人的主观选择权利,更进一步放宽到了先甲供再安装的"简易计税方法"

不得不说,营改增不仅是税种的减少,也带来了税收计缴与征管成本的减少。循着营改增不增加税负的大方向来看,具体政策的制订与征管的执行,已破除了过

去流转税政策中的一些"大道理"、一些教条性的逻辑，说到底是人性思维的改变，思想的解放。

在持续重点打击骗取留抵退税的形势下，税务机关的查验越来越谨慎与严格，我们要更加恰当地理解留抵退税的政策：

第一，它不是税收优惠政策，而是一项财政激励政策，旨在让纳税人得到现金流的支持，它是以未来的抵扣税额的减少来实现时间性利益。若一个企业正常经营，有持续的销项税额产生的话，它带来的是时间性的价值；但是若经营出现困难、停滞之时，所收获的真是"救命钱"，具有绝对性的价值。

第二，对于恶意造假套取红利的情形，会受到严格的防范与处理。比如利用某地财政返还的招商政策，非法开具专用发票抵扣获取"不当财政利益"；又或者是即征即退的优惠政策下，让下游得到抵扣的利益，在即征即退的销售情形下，依规定销售方本身不能享受留抵退税，但此时并不妨碍购买方的抵扣及正常税率抵扣下的留抵退税。有的专业文章认为，上游即征即退或先征后退，享受财政利益后，下游进行抵扣也是"不正常"的。笔者认为，不宜简单地对此进行定性，当下很多企业的经营收入享受了财政扶持的政策，难道购买方的抵扣都有问题吗？我们要结合业务真实性与合理性去考虑，故意低值高开、虚开恶意骗取财政补助才是有问题的。财政激励政策与税收政策需要分开来看。

第三,有的企业所处的行业不在留抵退税之列,但因为留抵税额比较大,于是就故意对开虚开销项,让对方有机会得到退税,这时就会存在问题了。

因为纳税人有了相应的选择,就会有相应的监管,其中必然存在是是非非或有争议之处。另外还有一种情形,如北京市税务局官网曾披露一个关于留抵退税的案件(内容摘录):

北京市税务局第二稽查局依法查处一起骗取留抵退税案件

发布时间:2022-07-09

近期,北京市税务局第二稽查局根据税收大数据分析线索,依法查处了北京××传奇电子商务有限公司骗取增值税留抵退税案件。

经查,该公司通过违规抵扣公司作为小规模纳税人期间取得的增值税专用发票虚增进项税额、隐匿销售收入、减少销项税额、进行虚假申报等手段,骗取留抵退税16.18万元。北京市税务局第二稽查局依法追缴该公司骗取的留抵退税款,并依据《中华人民共和国行政处罚法》《中华人民共和国税收征收管理法》相关规定,拟处1倍罚款。

在这个问题上,笔者推测可能有比较多类似的情形,或许税务机关没有特意去检查审核,这是因为当前一般纳税人的抵扣勾选确认需要在专门的平台上操作,对于其前身为小规模纳税人时取得的专用发票(小规模纳税人可以取得专用发票),按小规模纳税人简易计税方式计税时,是无法抵扣的,更无法在平台上操作,但是在企业转为一般纳税人之后,上述发票仍会继续处于推送的抵扣信息可选择的状态,这时的系统便利性可能会带来有意或无意的抵扣操作。这是因为,小规模纳税人期间已实现的应税收入已按简易计税方法计算了,其收入对应的成本费用所体现的进项税额,若再在后续的一般计税方法中进行抵扣,不符合抵扣的条件,也缺乏合理的支持。当有的成本费用是在小规模纳税人期间发生的,但是发票是在转为一般纳税人之后取得的,看似发票的日期配比了销项税额的产生期间,但这里仍不是简单化地认为可以全额抵扣,因为用于简易计税项目的进项税额,是不得抵扣的。在过渡时点的问题上,进项税额的抵扣经常出现问题,需要进一步进行专业的判断,比如持续性服务的进项,比如分期付款情况下的抵扣,都是可以跨时点规划与判断的。

3.8 "包税"合同几多愁

在日常业务中,笔者曾接触过比较多涉及不动产司法拍卖的业务,这里往往会涉及税费条款的"包税"声明或约定的问题,竞拍成功的买受人屡有因涉及大额税费的产生与承担的困难,甚至愿意代为缴税却算不出来的情况,以致不能顺利地办理不动产过户。此类问题形式多,种类杂,发生了一些"悲喜故事"。

(1)"包税"改变或确认了什么?

可以肯定地说,"包税"约定不违法。之前曾有不同的声音,如有人依据《税收征收管理法》的规定,认为包税有违法之嫌,这个理解是不准确的。《税收征收管理法实施细则》对此进一步规定:

第三条 任何部门、单位和个人作出的与税收法律、行政法规相抵触的决定一律无效,税务机关不得执行,并应当向上级税务机关报告。

纳税人应当依照税收法律、行政法规的规定履行纳税义务;其签订的合同、协议等与税收法律、行政法规相抵触的,一律无效。

在日常发生的一些包税约定中,无论是员工取得税后工资的约定,还是商业交易中约定的包税条款,并不必然地改变纳税人的身份及其纳税义务。该约定是一种经济属性的民商事下的权利与义务,相当于是对价条款的组成部分,在发生争议诉讼时,若无特殊的事项,这类约定是会得到司法机关支持的。

目前,涉及包税约定的事项,主要集中于法拍资产的拍卖事项中。拍卖公告中通常会清楚地写明与拍卖资产相关的(潜在的)税费、所欠费用等事项均由买受人承担。这里面的金额不确定性,往往就是一个陷阱。因为对于参与拍卖的人,是难以知晓具体的金额的,即使是法院也不一定清楚,而不相关的人员去税务机关查询,也不是随便可以查询到的,不得不说这是争议产生的源头,如果明确出来金额,参与拍卖的人员自然会算经济账,而不是忽略其存在净想着"捡漏"。在中国裁判文书网查询,涉及包税争议的判决书是比较多的。有时买受人看着起拍价很低,以为能捡到一个"宝",殊不知,包税费的条款很可能让好事瞬间变成不好的事。网络上关于包税内容的文章也比较多,美丽的价格背后,却极可能是税费的"陷阱"。

【例3-10】张先生看到某金融机构的拍卖公告,有一处房产,拍卖价为60万元,相比市场价格100万元很优惠。于是张先生加入拍卖者之中,交了保证金，最终以80万元的价格拍得该房产。不幸的是，在最终过户的时候，一算各种要求承担的税费（甚至包括了上家过户时的税费，因为抵债时金融机构考虑税费的问题没有过户，现在是一并过两次户），共计约35万元，远远超过了张先生的心理预期，这都比市场价格还贵了！不买的话保证金就要不回来了。无奈之下张先生来咨询，这就是因为不了解拍卖背后的税费"陷阱"的后果。本案例中金额还不算大，有时确实不值得去争取，但或许以后再遇到这样的事情时，也能抱有谨慎的态度吧。

对于不动产，在税收征管当中，一般采取"先税后证"的方式，此举意在保护国家的税收利益，强化征管效率，比如个人转让房产办理过户时，税收业务的办理窗口往往要看"增值税、土地增值税（住房免税）、个人所得税、印花税、契税"等的缴纳记录，而不去管缴纳者是不是纳税人本人，即并不"验明正身"，是不是纳税人的存款户或微信（支付宝）本人户支付的款项并不重要，有人完成缴纳最重要。但是，若是受让人缴纳完卖出方应缴纳的"税费"之后，再向法院起诉要求退回"不该"承担的款项时，能得到支持吗？笔者观察到，一些法院判例并未给予支持，因为"你不是权利相关人，即你不是纳税人的身份，连提起诉讼的机会都得不到！"有时候"驳回"的规则就是这么简单。

综上，"包税"合同是商业相关人基于自己的"买卖地位"所设定的交易价款的事项，它构成了交易的对价（不完全代表是计税价格），在当前的信息披露与查询手段有限的情形下，若无法有效地确定相关的税费金额，或者疏忽此方面的条款，很容易陷入交易被动的局面。截至目前，笔者所接触的案例中，有数个因难以"承受"税费而使得过户登记处于拖延状态的。除了上面提到的法拍资产的情形外，交易双方或多方间自行约定合同条款，此时就形成了一种对价的义务，金额是可控的，此种情形下利于交易参与方判断和决定，比如向境外单位支付"税后款项"时，往往会比较清楚地知道自己将承担的税费金额。

《最高人民法院关于人民法院网络司法拍卖若干问题的规定》（法释〔2016〕18号）提出：

第三十条 因网络司法拍卖本身形成的税费，应当依照相关法律、行政法规的规定，由相应主体承担；没有规定或者规定不明的，人民法院可以根据法律原则和案件实际情况确定税费承担的相关主体、数额。

规定有倾向性，但并不是强制的，对于无纳税能力的被拍卖方来讲，谁来完成国家税款的缴纳呢？自然"羊

毛出在羊身上"。笔者也发现,在法拍网上,有一些公告明确地写着依照税法规定各承担各自的税费缴纳义务。

(2)包税包的是直接相关的税费还是间接相关的税费?

约定"包税"事项,主要是看交易方如何约定的。实际业务当中,当约定不清楚的时候,就可能发生争议。

> 【例3-11】笔者曾接到一位企业家的咨询,其通过淘宝法拍网拍得一块地产,在过户的时候,办税人员要求其承担对方持有房产期间所欠的土地使用税、房产税。笔者认为,针对此类情况,一是检查确定拍卖公告中如何声明的,对于上述税项有没有明确过;二是要确定这类税费是不是在变更交易行为中直接产生的。

最高人民法院有一个再审案例,很值得老板们关注,《成都金创盟科技有限公司、成都爱华康复医院有限公司拍卖合同纠纷民事再审民事判决书》[中华人民共和国最高人民法院民事判决书(2022)最高法民再59号]这样写道:

本院再审认为,《最高人民法院关于适用〈中华人民共和国民法典〉时间效力的若干规定》第一条第二款规定,"民法典施行前的法律事实引起的民事纠纷案件,适用当时的法律、司法解释的规定,但是法律、司法解释另有规定的除外。"引起本案的法律事实发生在《中华人民共和国民法典》施行前,因此,本案应当适用当时有效的《中华人民共和国合同法》等相关规定。本案的争议焦点为金创盟公司是否应当承担爱华医院补缴的城镇土地使用税1 579 094.16元。

《拍卖公告》第六条载明,"标的物过户登记手续由买受人自行办理。拍卖成交买受人付清全部拍卖价款后,凭法院出具的民事裁定书、协助执行通知书及拍卖成交确认书自行至相关管理部门办理标的物权属变更手续。办理过程中所涉及的买卖双方所需承担的一切税、费和所需补缴的相关税、费(包括但不限于所得税、营业税、土地增值税、契税、过户手续费、印花税、权证费、水利基金费、出让金以及房产及土地交易中规定缴纳的各种费用)及物管费、水、电等欠费均由买受人自行承担,具体费用请竞买人于拍卖前至相关单位自行查询。"判断金创盟公司是否应当承担爱华医院补缴的城镇土地使用税,关键在于确定城镇土地使用税是否属于该条约定的"所需补缴的相关税、费"。《中华人民共和国合同法》第一百二十五条第一款规定,"当事人对合同条款的理解有争议的,应当按照合同所使用的词句、合同的有关条款、合同的目的、交易习惯以及诚实信用原则,确定该条款的真实意思。"根据该规定,当事人对合同条款理解存在争议的,应按照文义解释、体系解释、交易规则或者习惯、诚实信用等原则进行解释。

首先,从文义解释上看,《拍卖公告》第六条用概括加列举的方式约定了买受人需自行承担的税费,概括即"办理过程中所涉及的买卖双方所需承担的一切税、费和所需补缴的相关税、费",列举即括号中列明的相关税费。按通常理解,买受人应承担的税费应先以列举项目为准,如果某项税费不属于列举项目,则应判断是否属于"概括"范畴。案涉城镇土地使用税并非括号列明项目。"办理过程中所涉及的买卖双方所需承担的一切税、费和所需补缴的相关税、费"明确表明买受人需承担的仅限于"办理过程中所涉及的"。《中华人民共和国城镇土地使用税暂行条例》第三条第一款规定,"土地使用税以纳税人实际占用的土地面积为计税依据,依照规定税额计算征收。"城镇土地使用税是基于土地使用权人实际占用土地而征缴的税种,是为提高土地使用效益设置的税种,与土地权属变更无关,不属于"办理过程中"的税费。因此,城镇土地使用税不属于《拍卖公告》第六条约定的需补缴税费。

其次,从体系解释上看,《拍卖公告》第六条由三句话组成,第三句话是对买受人自行承担税费的约定,前两句话为"标的物过户登记手续由买受人自行办理。拍卖成交买受人付清全部拍卖价款后,凭法院出具的民事裁定书、协助执行通知书及拍卖成交确认书自行至相关管理部门办理标的物权属变更手续"。可见，第三句关于税费负担的约定系在权属变更语境下作出的，并不包括权属变更过程之外的税费，即不包括案涉城镇土地使用税。

再次，从交易规则或习惯来看，一方面，根据《最高人民法院关于人民法院网络司法拍卖若干问题的规定》第六条第二项和第十四条第三项规定，司法拍卖中应当说明拍卖财产现状、权利负担等内容，并在拍卖公告中特别提示拍卖财产已知瑕疵和权利负担。拍卖财产的瑕疵和权利负担等类似信息应当为被执行人掌握。本案中，执行法院明确要求爱华医院提供案涉土地相关材料，爱华医院也承诺自行承担资料不齐造成的不利后果。但是，爱华医院并未举证其提供了与案涉土地相关的城镇土地使用税欠缴情况，《拍卖公告》未对该笔税费欠缴情况进行说明和提示，《评估报告》也未说明该欠缴情况及其对土地评估价格的影响。基于对《拍卖公告》《评估报告》披露信息的信赖，金创盟公司在参与竞买时对承担城镇土地使用税未有预期应属正常。另外，根据《中华人民共和国税收征收管理法》第八条第二款规定的"税务机关应当依法为纳税人、扣缴义务人的情况保密"，竞买人一般无法从税务机关查询到被执行人欠税信息，即金创盟公司一般无法自行查询案涉城镇土地使用税欠缴情况。因此，在爱华医院未披露欠缴城镇土地使用税具体情况下,由金创盟公司承担拍卖时不属于权属交易行为产生的且无法预见的1 579 094.16元城镇土地使用税,有违公平原则。另一方面,《最高人民法院关于人民法院网络司法拍卖若干问题的规定》第十三条第九项规定,法院应当在拍卖公告中公示"拍卖财产权转移可能产生的税费及承担方式",据此,竞买人一般仅对权属变更本身形成的税费负担有合理预见。城镇土地使用税虽与案涉土地直接关联,但竞买人对需要补缴城镇土地使用税一般不会有预见,且其本身属于爱华医院纳税义务范畴。如若未经特别说明,即要求金创盟公司承担该税费有违诚实信用原则。

最后,《最高人民法院关于人民法院网络司法拍卖若干问题的规定》第三十条规定,"因网络司法拍卖本身形成的税费,应当依照相关法律、行政法规的规定,由相应主体承担;没有规定或者规定不明的,人民法院可以根据法律原则和案件实际情况确定税费承担的相关主体、数额。"据此,网络司法拍卖本身形成的能够预见的权属变更税费,原则上尚且由法律规定的纳税义务人承担,与权属变更无关的超出竞买人预见的税费更应由法定纳税人承担,除非买卖双方当事人有明确具体的特别约定。本案中,案涉城镇土地使用税属于与权属变更无关的税费,应由其法定纳税人爱华医院承担,而非买受人金创盟公司承担。

综上所述,金创盟公司的再审请求成立。扣除1 579 094.16元城镇土地使用税后,金创盟公司应当向爱华医院支付其缴纳的税费3 743 831.43元(5 322 925.59元-1 579 094.16元)。依照《中华人民共和国民事诉讼法》第二百一十四条第一款、第一百七十七条第一款第二项规定,判决如下:

一、撤销四川省高级人民法院(2021)川民终416号民事判决和四川省成都市中级人民法院(2019)川01民初6964号民事判决;

二、成都金创盟科技有限公司于本判决生效之日起十日内向成都爱华康复医院有限公司支付3 743 831.43元;

三、驳回成都爱华康复医院有限公司的其他诉讼请求。

如果未按本判决指定的期间履行给付金钱义务,应当按照《中华人民共和国民事诉讼法》第二百六十条规定,加倍支付迟延履行期间的债务利息。

一审案件受理费59 270元、保全费5 000元,共计64 270元,由成都爱华康复医院有限公司负担28 788.21元,由成都金创盟科技有限公司负担35 481.79元;二审案件受理费19 011.85元,由成都爱华康复医院有限公司负担。

本判决为终审判决。

笔者认为，此判例具有很强的指导意义，符合正常的判断逻辑与分析思维。相似情形下至少应考虑参与拍卖者的信息知情权，还要考虑公平性与合理性。笔者认为，对于此类争议，不宜让争议成本过多地消耗在文字游戏上，这也是对商业合理性与社会公平性的良好维护。法律对此进行明确，以减少争议成本、诉讼成本，也减少矛盾发生的频率，带来社会效率的提升。

之前遇到上海有一个类似的法院判例，双方争议的焦点是被拍卖方欠缴的企业所得税，若约定并不清楚的时候，让竞买方承担对方的企业所得税，就会存在更多的不确定性，这是因为，企业所得税是一个企业综合所得的计算与缴纳，与被拍卖资产的相关性不强。这时候，税务机关可以与法院协作，对拍卖的款项进行划扣欠税更为合适。但是，这里要考虑一个优先权的问题，当被拍卖的资产处于被抵押的状态之下，拍卖之后的款项是优先用于偿还债务还是先行划扣税款，存在一定解释空间。这个问题，笔者曾经有所接触，其中也有不一样的理解。

国家税务总局关于人民法院强制执行被执行人财产有关税收问题的复函

最高人民法院：

你院《关于人民法院依法强制执行拍卖、变卖被执

行人财产后,税务部门能否直接向人民法院征收营业税的征求意见稿》(〔2005〕执他字第12号)收悉。经研究,函复如下:

一、人民法院的强制执行活动属司法活动,不具有经营性质,不属于应税行为,税务部门不能向人民法院的强制执行活动征税。

二、无论拍卖、变卖财产的行为是纳税人的自主行为,还是人民法院实施的强制执行活动,对拍卖、变卖财产的全部收入,纳税人均应依法申报缴纳税款。

三、税收具有优先权。《中华人民共和国税收征收管理法》第四十五条规定,税务机关征收税款,税收优先于无担保债权,法律另有规定的除外;纳税人欠缴的税款发生在纳税人以其财产设定抵押、质押或者纳税人的财产被留置之前的,税收应当先于抵押权、质权、留置权执行。

四、鉴于人民法院实际控制纳税人因强制执行活动而被拍卖、变卖财产的收入,根据《中华人民共和国税收征收管理法》第五条的规定,人民法院应当协助税务机关依法优先从该收入中征收税款。

国家税务总局

二〇〇五年九月十二日

有专家认为,对于变更过户过程当中产生的增值税、土地增值税、印花税等事项(契税是买受方缴纳),属于过程当中发生的支出事项,并不存在优不优先的问题,延伸出来的意思就是这些税款应在抵押权人之前扣划处理。所以这里需要综合考虑,争取法院认可抵押权人的优先偿还利益。

(3)包税合同如何计税?

比如法拍房的拍卖价格是100万元,以此计算所包税费的金额是×万元,现实当中,以100万元为基数计算应纳税费还是要反算基数来计算应纳税费呢?其实目前并没有特别清晰的规定,只能从原则方面进行理解与把握。

一种观点认为,既然是为对方缴纳的税费,基数就应是100万元,这100万元是交易的正常价格,虽然可能低于市场中的价格,不过由于拍卖环节属于特殊交易场景,价格低一些也应认为是独立交易原则之下确定的价格,并没有因包税费故意减少计缴国家税费的基数。"为别人缴税"的逻辑之下,税是替别人掏的,不属于自己购买的资产价格,是额外承担的支出事项。当然,买受人往往会将自己支付的资产价与税费加总起来与市场的同类资产的价格进行比较,这是从整体开支的角度进行的综合评价,但不能改变发生事项的性质。

反之，另外一种观点认为，包税费是价格的组成部分，皆为买受人支付的对价，因此需要反算为含税的金额作为基数，进而计缴相关的税费金额。支持此观点的人士指出，国家税务总局在一些文件当中已有提及包税费情形下，需要进行反算基数的规定（见表3-5）。

表3-5　　　　提及包税费情形下进行反算基数的规定

情形	规定	说明
员工薪酬	雇主为雇员负担全年一次性奖金部分个人所得税款，属于雇员又额外增加了收入，应将雇主负担的这部分税款并入雇员的全年一次性奖金，换算为应纳税所得额后，按照规定方法计征个人所得税	2019年个人所得税法改革之后，雇主为员工负担个税的计算因为综合所得汇算清缴，所以计算得并不一定准确
非居民企业所得税扣缴	扣缴义务人与非居民企业签订与企业所得税法第三条第三款规定的所得有关的业务合同时，凡合同中约定由扣缴义务人实际承担应纳税款的，应将非居民企业取得的不含税所得换算为含税所得计算并解缴应扣税款[①]	此处的换算要看业务情形，对增值税及相关的附加税费同步进行考虑（2021年9月1日起附加税费不再计征）

根据笔者观察，对法拍房计缴税款时，曾有诉讼案例，法院支持了税务机关对增值税的计算方式，即以法拍价格作为不含税金额计算增值税销项税额，但对于其

---

① 《国家税务总局关于非居民企业所得税源泉扣缴有关问题的公告》（国家税务总局公告2017年第37号）第六条规定：扣缴义务人与非居民企业签订与企业所得税法第三条第三款规定的所得有关的业务合同时，凡合同中约定由扣缴义务人实际承担应纳税款的，应将非居民企业取得的不含税所得换算为含税所得计算并解缴应扣税款。

他的税费事项的计算并没有进行反算。整体来看，在当前的征管实践中，由于拍卖的价格已在法院的裁定书中进行了清楚的载明，以此为基数来计算相关税费，笔者认为是相对合理的。而所谓的反算，笔者认为，在理论层面，认定为价格组成部分的观点，略显牵强。我们可以想一下，一是确定了拍卖价格，二是确定要替对方承担相应的税费，注意这里是"替对方"，而不是直接定性为交易对价，至于承担的税费能不能在税前扣除，则是另外一回事儿。我们再试想一下，包税费情形下，在对方能开具发票的时候，按多少金额开具合适？如果认为按照拍卖价格开具是合理的，是真实的，难道此时要将所包的税费含到开具发票的金额当中？在会计处理中，销售方应计提相应的税费，但是应交税费的金额并不需要支付，有人代为支付了，此时应转为所得处理。这样来想，是不是感觉反算有点过于苛刻，并且考虑过于简单化了呢？在某股权转让的合同中，双方约定了包税（主要是个税），稽查局在某税务处理决定书中要求进行反算计缴个税。

（4）对于涉及包税事项的交易需要关注的问题点。

第一，要清楚相应的条款风险，确认相应的预计金额，从做生意的角度，这是前提。第二，要尽可能地去争取保护自己的权利，比如对于某些拍卖公告中过于模糊的描述,建议在法院的裁定书中进一步给予明确。第三,若各方能依法承担各自的税费,这当然是最好的结果,税务机关此时该向谁追税,也比较清晰好操作。只是基层操作中这个决定谁来做,才是关键。或者可以要求从拍卖款项中作扣减税费的处理,这也是一些地方的采取税收保护措施。

国家税务总局官网对于法拍资产的包税问题进行过如下的意见回复:

对十三届全国人大三次会议第8471号建议的答复

2020年10月19日　来源:国家税务总局办公厅

您提出的关于规范完善不动产司法拍卖中税费征缴的建议收悉,现答复如下:

一、关于取消不动产司法拍卖公告中由买方承担税费的转嫁条款,统一改为"税费各自承担"的建议

您提出的拍卖不动产的税费按照规定由"买卖双方各自负担"的建议,是一种较为合理的做法。根据税收征管法第四条规定,法律、行政法规规定负有纳税义务的单位和个人为纳税人。即单位或个人发生经济行为,按照法律、行政法规规定负有纳税义务,则该单位或个人属于法定的纳税人,应依法履行纳税义务。各税种单

行法律及暂行条例也对不动产转让环节的各项税费和纳税主体作出了明确规定。

2016年8月2日公布、2017年1月1日施行的《最高人民法院关于人民法院网络司法拍卖若干问题的规定》对财产处置环节的税费负担问题作出了明确规定，其中第六条规定，确定拍卖保留价、保证金的数额、税费负担等是人民法院应当履行的职责；第十三条规定，人民法院应当在拍卖公告发布当日通过网络司法拍卖平台公示拍卖财产产权转移可能产生的税费及承担方式；第三十条规定，因网络司法拍卖本身形成的税费，应当依照相关法律、行政法规的规定，由相应主体承担，没有规定或者规定不明的，人民法院可以根据法律原则和案件实际情况确定税费承担的相关主体、数额。

我局和最高人民法院赞同您关于税费承担方面的建议，最高人民法院将进一步向各级法院提出工作要求：一是要求各级法院尽最大可能完善拍卖公告内容，充分、全面向买受人披露标的物瑕疵等各方面情况，包括以显著提示方式明确税费的种类、税率、金额等；二是要求各级法院严格落实司法解释关于税费依法由相应主体承担的规定，严格禁止在拍卖公告中要求买受人概括承担全部税费，以提升拍卖实效，更好地维护各方当事人合法权益。

二、关于人民法院与税务机关加强协调配合，建立

司法拍卖税费征管联动机制的建议

目前，部分省（市）税务局已开展探索，与当地法院建立相应协作机制。比如，2018年江苏省税务局完善税务行政强制工作联席会议制度、涉税信息共享机制，就申请法院强制执行及不动产司法拍卖涉税事项处理与当地法院达成共识，实现了拍卖环节税款提前测算、及时传递、先行垫付、事后退还的征税流程，解决税费负担的主体和征缴问题，提高了人民法院协助税务机关征缴税费及买受人产权过户的效率，尽可能避免因涉税争议引发行政复议和诉讼。又比如，2019年宁波市税务系统与法院系统建立民事执行与税费征缴、被执行人房地产询价等多项协作机制。

下一步我们将加强与最高人民法院沟通，就查明司法拍卖标的物纳税信息等问题探索建立切实可行的、常态化的沟通协调机制，明确各自权责和工作流程，以提高工作效率，维护国家税收利益和纳税人合法权益。

三、关于设立专门的登记企业并对金税管理系统进行升级完善的建议

税收征管法第四条第二款规定，法律、行政法规规定负有代扣代缴、代收代缴税款义务的单位和个人为扣缴义务人。根据上述规定，税务机关无权在法律之外设

立扣缴义务人主体。因此，设立专门登记企业并由该企业作为扣缴增值税税款的主体的做法缺乏法律依据。

关于通过技术手段尽快升级金税工程管理系统，增设特殊凭证抵扣项目问题，《中华人民共和国增值税暂行条例》第八条第三款规定"准予抵扣的项目和扣除率的调整，由国务院决定"，第九条规定"纳税人购进货物、劳务、服务、无形资产、不动产，取得的增值税扣税凭证不符合法律、行政法规或者国务院税务主管部门有关规定的，其进项税额不得从销项税额中抵扣"，《中华人民共和国增值税暂行条例实施细则》第十九条规定"条例第九条所称增值税扣税凭证，是指增值税专用发票、海关进口增值税专用缴款书、农产品收购发票和农产品销售发票以及运输费用结算单据"，相关建议突破了现行规定，我们将结合下一步税收立法统筹研究。

四、关于妥善处理买受人已承担税费而不能取得发票及进行税前抵扣的情况，修改、完善现行发票政策的建议

我局2019年制发了《国家税务总局关于税收征管若干事项的公告》（2019年第48号），明确在人民法院裁定受理破产申请之日至企业注销之日期间，企业应当接受税务机关的税务管理，履行税法规定的相关义务。破产程序中如发生应税情形，应按规定申报纳税。从人民

法院指定管理人之日起,管理人可以按照《中华人民共和国企业破产法》第二十五条规定,以企业名义办理纳税申报等涉税事宜。企业因继续履行合同、生产经营或处置财产需要开具发票的,管理人可以以企业名义按规定申领开具发票或代开发票。因此,在不动产司法拍卖中,如果法院已经裁定受理破产申请,可以按照上述规定由管理人向买受人开具发票。

对于其他情形,我们认为您关于修改《税务机关代开增值税专用发票管理办法(试行)》,增设司法拍卖时可由税务机关代开增值税专用发票的规定的建议有一定参考意义,我们将认真研究完善相关制度,进一步保障买受人合法权益。

感谢您对税收工作的支持!

国家税务总局

2020年9月2日

很多人看到这个答复很开心,认为税务机关终于明确了执行口径,但是仅一个意见回复,尚难改变现状。比如下面的这个法院判例,《佛山市三水千叶花园房地产有限公司、吴世君房屋买卖合同纠纷民事一审民事判决书》[广东省佛山市三水区人民法院民事判决书(2021)粤0607民初151号]曾有这样的描述:

......

根据本院采信的证据和综合当事人的陈述,本院确认如下事实:

2019年1月14日,被告吴世君作为买受人签署《拍卖成交确认书》,确认其通过北京市东城区人民法院司法拍卖网络平台以最高价竞得位于广东省佛山市三水区,并于2018年12月26日付清房款496 000元、472 000元。上述确认书第七条载明:"经买受人认可的拍卖须知等拍卖资料是本拍卖成交确认书的组成部分。"随后,被告向税务机关缴纳了上述两房产买方应承担的契税、印花税。2019年2月22日,被告取得上述两房产的不动产权证书。

2018年11月9日,北京市东城区人民法院拍卖上述房产作出的《竞买公告》第七条载明:"标的物过户登记手续由买受人自行办理,所涉及的一切税、费及其标的物可能存在的例如物业费、供暖费、交通违章扣分、罚款等其他欠费情况,除本公告特别声明外,由买受人负担。"第十二条第二款载明:"竞买人在拍卖竞价前请务必再仔细阅读本院发布的拍卖须知。"2018年12月20日,北京市东城区人民法院拍卖上述房产作出《竞买须知》第十二条第二款载明:"标的物转让登记手续由买受人自行办理,交易过程中产生税费由买受人承担。自行办理水、电、煤等户名变更手续,相关费用自理。

水、电、物业管理等欠费均由买受人承担,未明确缴费义务人的费用也由买受人承担。"

本院曾就房产交易中增值税、土地增值税、城市维护建设税、印花税和教育附加等税的承担主体和缴纳期限向国家税务总局佛山市三水区税务局发函调查,该局于2019年10月31日作出《国家税务总局佛山市三水区税务局关于回复〈佛山市三水区人民法院调查取证函〉的函》,复函主要内容如下:一、增值税、土地增值税、城市维护建设税、印花税和教育附加的纳税义务人发生应税行为应在相关税收法律法规规定的纳税期限内申报和缴纳。存量房交易产权人办理房产和土地使用权变更登记业务,须提供转让方增值税、土地增值税完税证明或者免征证明。因此,房产办理过户手续前,应先缴纳增值税、土地增值税。若该行为应缴纳的城市维护建设税、印花税和教育附加的纳税期限在房产办理过户手续前的,也应先缴纳。二、根据相关税法规定,增值税、土地增值税、城市维护建设税、教育附加的纳税义务人是出卖人,印花税纳税义务人为出卖人和买受人双方。若出卖人和买受人双方有约定的,买受人可以代出卖人缴纳上述税费,但纳税义务人依然是出卖人。

……

首先,依法纳税是法律的强制性规定,我国税法规定不同的主体负有不同的纳税义务，明确了应缴纳的税种、税率及纳税主体等，其目的是防止纳税主体逃避纳税义务，但并未禁止纳税主体与合同相对人或第三人约定由合同相对人或第三人缴纳税款，拍卖公告和须知中关于税费负担条款的约定只是改变了承担税费的具体主体，没有变更纳税义务人，不会导致国家税款的流失，故《竞买公告》《竞买须知》中有关"标的物过户登记手续由买受人自行办理，所涉及一切税、费由买受人负担"的约定不违反《中华人民共和国税法》关于依法纳税的强制性规定，也未与《最高人民法院关于人民法院网络司法拍卖若干问题的规定》第三十条规定相冲突，上述约定合法有效。其次，根据《中华人民共和国增值税暂行条例》第一条、《中华人民共和国土地增值税暂行条例》第二条、《征收教育附加的暂行规定》第二条、《广东省地方教育附加征收使用管理暂行办法》第六条、《中华人民共和国城市维护建设税暂行条例》第二条的规定及《国家税务总局佛山市三水区税务局关于回复〈佛山市三水区人民法院调查取证函〉的函》内容，案涉房屋所有权转移时需缴纳增值税、土地增值税、城市维护建设税、教育附加税、地方教育附加税、印花税，即上述六种税属于《竞买公告》《竞买须知》中"标的物过户登记手续由买受人自行办理，所涉及一切税、费由买受人负担"的范围内。最后，虽然案涉房屋已经完成了过户登记，且过户登记时税务机关没有通知买受人缴纳出卖人应负的税费，但这仅是税务机关的具体收税流程问题，并不影响《竞买须知》《竞买公告》中"标的物过户登记手续由买受人自行办理，所涉及一切税、费由买受人负担"这一条款的法律效力。无论案涉房屋是否变更过户登记，该条款对双方当事人均有约束力。综上，本院对原告的主张予以支持，被告的上述抗辩意见没有法律和事实依据，本院不予采信。

依照《最高人民法院关于适用时间效力的若干规定》第一条第二款、《最高人民法院关于人民法院网络司法拍卖若干问题的规定》第三十条和《中华人民共和国民事诉讼法》第六十四条的规定，判决如下：

确认广东省佛山市三水区云东海街道千叶花园某某某房屋所有权过户登记至被告吴世君名下时所涉及的增值税、土地增值税、城市维护建设税、教育附加税、地方教育附加税、印花税由被告吴世君负担。

案件受理费减半收取计50元（原告已预交），由被告吴世君负担。

如不服本判决，可以在判决书送达之日起十五日内，向本院递交上诉状，并按照对方当事人的人数提出副本，上诉于广东省佛山市中级人民法院。

行政机关与司法机关基于不同的职责与法律依据和专业理解的方向,对于包税事项,一个是给出基于税的常识化的理解,另一个是给出基于交易主体的合意理解。有了这么多的争议,似乎包税约定存在种种弊端,但包税约定不见得就是"坏事",它只是一种利益交换的兑价。然而,从买受人的角度看,由于信息的不对称,或者因为评估不足,其面临着金额的不确定性陷阱,也面临着税款计量中反算基数的陷阱。

分析了这么多,笔者认为,涉及包税交易的事项仍会继续存在,即使司法机关与税务机关如何要求细化也很难消失,这是基于供需双方或多方在市场中所处的不同交易地位决定的,在市场经济的运行中,物价管理部门也不会对这种"定价"方式进行禁止。从购买方的角度看,有必要对利益流出进行充分的评估,尽量减少不确定性,增加对自己权益的维护,更需要在心理上、专业上保持足够的警惕。我们希望看到的是确定性,规划的清晰化。

3.9 卖服务还是卖货物,看你想做什么

俗话说:"卖什么吆喝什么",但是在税务世界里,

有时卖什么是要看自己说什么!

中国新闻网曾有一篇报道《李克强回应"增营并征"的"餐馆之困"》，充分说明了税收的有趣之处（摘录）：

中新社北京9月30日电（记者 蒋涛）"按营改增之前的税制规定，在餐馆吃饭缴营业税，而打包带走要缴增值税。营业税是地税局收，增值税是国税局收。极端情况下，我一脚在门里、一脚在门外吃饭，这税怎么征？"27日下午，中国人民大学教授朱青在座谈会上向李克强总理提出"增营并征"带来的"餐馆之困"，也引起现场一阵会心笑声。

大千世界，人、事纷繁复杂，单纯从税收理论上追求绝对的完美是不可能的，凡事多是相对完美，在此基础之上，税收征收规则的判定，也很难做到逻辑无瑕、绝对公平。一是要考虑征管的成本，二是要维护税收理论的尊严，所以不得不接受一定程度的不完美，除非不去征这项税。正因为税收规则存在不完美之处，在实务当中，对于某些事项的处理才会有更多的选择空间。在上面的案例中，营改增解决了原来对餐馆用餐计缴营业税与增值税的奇葩边界政策口径，之后无论是堂食还是外卖，均明确按照餐饮服务计缴增值税，不再机械地认

为带走是销售货物,堂食是餐饮服务[①]。但笔者发现,在财税部门的解释中,这个问题似乎并没有彻底地解决,以下是国家税务总局货物和劳务税司关于政策中部分条款的政策解读:

三、关于第九条"提供餐饮服务的纳税人销售的外卖食品,按照'餐饮服务'缴纳增值税"的解读

本条政策明确,餐饮企业销售的外卖食品,与堂食适用同样的增值税政策,统一按照提供餐饮服务缴纳增值税。以上"外卖食品",仅指该餐饮企业参与了生产、加工过程的食品。对于餐饮企业将外购的酒水、农产品等货物,未进行后续加工而直接与外卖食品一同销售的,应根据该货物的适用税率,按照兼营的有关规定计算缴纳增值税。

不知现实中,这些餐饮企业是不是这样操作的。另外,谁去监管是外卖还是堂食呢?所以税收征管漏洞也不能完全避免,因为当存在6%与13%的税率差异的时候,这个问题就很难平衡。比如消费者在餐馆里用餐,点了一

---

① 财税〔2016〕36号文件规定:餐饮服务,是指通过同时提供饮食和饮食场所的方式为消费者提供饮食消费服务的业务活动。

财税〔2016〕140号文件规定:九、提供餐饮服务的纳税人销售的外卖食品,按照"餐饮服务"缴纳增值税。

国家税务总局公告2019年第31号文件规定:纳税人现场制作食品并直接销售给消费者,按照"餐饮服务"缴纳增值税。

些酒水，没有吃完打包带走，打包带走的酒水应该怎样定义其性质呢？再者说，商家也不是做公益的，他们当然是希望能多卖高价才好呢，有时比外面商场、网上商城卖得贵多了，谁会因6%与13%的税率差异，而去追逐这个利益呢？或许有人疑惑，餐馆用餐中一并买的酒水，如何计缴增值税？某地税务机关的解释给出了答案：

餐饮企业提供餐食的同时售卖烟酒，如何确定是混合销售还是兼营？

答：餐饮企业提供餐食的同时售卖烟酒，也是混合销售的餐饮服务，烟酒和菜品一样可能都是单独计价的，但不能按照兼营单独征税，这些东西加上厨师和服务人员的劳动，共同形成了餐饮服务。

不过现实当中，仍存在一些类似的情形，需要进行关注。

【例3-12】某互联网平台从事厨房用品的销售业务，在2021年为了拓宽用户数量，推出999元/年成为超级会员的活动，这样的话以后购物一律享受8折优惠。

分析：在这种情形下，收取会员费（并不绑定商品）计缴的增值税的适用税率是6%，属于其他权益类的无形资产销售，999元会员资格费用不属于预存的款项，即以后购物并不抵减使用，不购物也不退回（这有点类似于麦德龙、山姆店的经营方式）。如果是预存款项，将认为其属于销售货物的价款，需要按照不同的货物类适用13%或9%税率来计缴增值税。

在税法的学习方面，我们还要注意一个理论上的概念与实际经营层面关于经济利益的理解差异，比如对于增值税的负税人与纳税人，网上的相关讨论较多。对于增值税的负税人这一概念，当有人花钱买东西，对方所给的钱中，除免税、不征税事项外，应税事项有一部分需要缴纳税款，此时购买方（消费者）是负税人。但是，别以为购买方是负税人就跟商家没有关系了，因为商家是纳税人，缴税多少，是从自己的账上支付出去的，所以与自己的利益息息相关。负税人基本上不会去关注纳税人缴多少税，传统认识中，销售价格中含多少税，消费者并不关注，只会去比较总价，不宜简单地认为："消费者才是负税人，我们只是代国家收的税款，不是我自己出的钱。"想明白这一点，整个纳税逻辑就理顺了。当未来要求在销售小票上标识出税额是多少时，也不代表最终收款人就缴这么多税。

承上例，有的老板进一步提出来："不如多收点会员费，赔本卖货岂不是更节税！"笔者建议，凡事皆有

"合理之度",即使没有法规政策的明确,但一旦事情发展不符合常态了,未来总会有一项新的规定来制约。笔者认为,要变化一种商业交易方式,不是简单地拆分一下收入就万事大吉了,需要结合交易环境、要素的变化,在表现形式上有所体现,比如上了新开发的系统,加了推送服务、售后服务等,有差异性地体现商业合理性。变化即意味着风险,但是风险又意味着利益,风险与利益的平衡与把握,是一个恒久的话题。

说起来有十年了,笔者遇到一个企业的案例,当时该企业在北方某直辖市设立了一个销售企业,主营销售高档床垫的业务,为了销售得更好,该企业在销售床垫的同时,搭配了一个按摩椅垫。问题就出现在后者身上,椅垫的购买成本是400元,在捆绑销售时,定的椅垫价格是200元。从做生意的角度,我们认为,这就是一个打包的销售,整体的销售价格是营利的,产生了应计的增值税。但是有时增值税的规则,一句话可能就"秒杀"出税款来。当时主管的税务检查人员认为,依据《增值税暂行条例》的规定:"纳税人发生应税销售行为的价格明显偏低并无正当理由的,由主管税务机关核定其销售额。"搭配的椅垫存在价格明显偏低的情况,不合理,需要按照400元的销售价格调整销售额。上面我们探讨过价外费用的"陷阱",其实视同销售方面的税收利益影响更广泛,明明没有收到收入,却要按照虚拟的收入计算增值税，税法难道还干扰市场经济中的交易定价吗？笔者认为，这里面存在"整体论"与"单一论"的理解问题。整体来看，企业轻易不会做亏本的生意，在整个链条中，也存在价值传递的关系，这样看，要求视同销售按市场公允价确定应税收入计算增值税是不是有正当理由的呢？笔者认为是有正当理由的。而若拆开来看，企业发生了一个销售床垫的行为，又半价卖了一个椅垫，前面的交易没问题，后面的打折销售无正常理由，所以需要核定销售额，企业是这样算账的吗？又有人会问："什么是正常理由？"对此理论界和实务界确实没有一个统一的认识，比如有的人认为，需要参照增值税暂行条例释义的解释：

至于哪些构成"有正当理由的价格明显偏低"，本条没有作出具体规定。这主要是考虑到实际经济活动的复杂性和多变性，条例无法为此作出预期规定。但是，这并不是说就不存在一些可供参考的适用准则。根据《反不正当竞争法》和《价格违法行为行政处罚规定》等有关法律法规的规定，除了销售鲜活商品、处理有效期限即将到期的商品或者其他积压的商品、季节性降价、因清偿债务、转产、歇业降价销售商品外，如果价格明显偏低出售某种商品，主管税务机关就应该关注，核实纳税人是否具有避税的动机，是否有必要进行纳税调整。

难道只有上面列举的情形才可以低价销售吗？显然不应该是，还需要考虑纳税人是否有避税的意图与行为及结果。当下一些电商平台开展的促销活动，低于成本价销售的情形很普遍，他们是为了避税吗？谁愿意在能高价销售的情形下选择低价销售呢？这其实只是市场竞争的手段，且多数是非关联方的交易关系！营改增之后，一些地方税务机关的货劳部门，对于企业经营业务中发生的买赠行为，明确表示不需要视同销售。一定程度上讲，上述案例的发生，只是部分地区税务机关的理解，甚至是某些人的理解。我们需要严明的法律，也需要有善念的执政之心。那么，这里的陷阱是什么呢？其实它是人性本身的认知，也是职责上的行为体现。有人提出来："这是企业操作方式上的问题，为何不将床垫与椅垫原价分别写在发票上，同时打一个折扣优惠200元呢？"是的，这样形式上就成了一个整体性的销售行为了，使得纳税人更好地进行自我保护。只可惜，当税务机关的人员检查时，纳税人是很难再进行形式调整的，客户也不一定配合。之前其他地区也发生过某企业销售货物时，折扣过大使得销售价低于成本价的情形，税务机关给予调整的处理。也就是说，当面对一些个案情形时，税务机关存在自由裁量权与行政权利相对强势的情形下，纳税人的应对方式会显得更为被动。

3.10 收不到钱一样要缴税,这个苦向谁诉说

在日常的计税与纳税场景中,收到钱缴税似乎是很正常的事,但是,收不到钱不代表不需要缴税(见表3-6)。

表3-6 收不到钱却要缴税的情形及风险提示

情形	说明	风险
开具发票即计税	这里有两个税种,一是增值税,认为开具发票即同步发生了纳税义务;二是企业所得税,需要结合权责发生制对应的业务发生年度进行考虑。随着全电发票的推进,"以票管税"时代将会有更强的监管力度与风险识别方式	这种情形比较好识别,通常税务机关的跟进也比较及时,相应的预警管理比较到位
业务完成但没有收款、没有开具发票	通常情形下,是不是达到纳税义务发生时间要看业务交付与否,发票是一个附加的计税条件,多数情形下尽管没有收款、没有开具发票,增值税的纳税义务及所得税的收入实现也需要进行相应的计量、计缴。不过对于很多中小企业而言,往往就是简单地以开具发票作为计税的标准掌握	这类情形隐藏性比较强,通常在税务检查中需要结合合同约定、业务介绍、管理内账等方式或内容进行确认
开具发票进行结算,但对方破产或"跑路"无法收回款项	企业所得税可以从资产损失税前扣除进行抵减处理;增值税上除政策上特定列举的金融利息收入等事项之外,即使是形成坏账、确定无法收回的款项也是需要计缴的,国家并不承担纳税人受商业损失所造成的税收损失后果	有时会产生纳税人以不能回收的款项冲销正常收入的情形(比如在未开具发票申报栏冲抵甚至填写负数),并不能得到认可

上面列举的三类情形，其问题主要在于纳税人是否存在滞后缴纳税款上，若要合规地计缴税款，就需用自有资金先行垫付税款，待后面收到交易款项再补充资金。老板对此多有不情愿之处，特别是创业初期，资金往往是"捉襟见肘"。但是税法规定得很清楚，即使收不到款，也不是不纳税的理由，这是基于税收政策上的"防范漏洞"与"公平性"的原则而言的。一般企业在开具发票时，就形成了一个收款的前提条件，"开了发票缴税"，这基本上是"共识"了。至于开了发票后对方"跑路""关门破产"了，并不妨碍增值税的征收。

再来说说视同销售，顾名思义，就是在税收上"看作是销售"，以销售的"可比金额"来计税。相较上面提到的滞后收款的情形，这种情形下是"没有款可收"，"竟然还要计税"，发生在谁身上也不会开心吧！有时候会发生这样的情形，一是对政策的理解不到位产生的计税结果；二是企业业务部门主导的销售政策未经专业财税人员的把关，管理脱节产生的业财分离的问题。

【例3-13】 张三开了一家小餐馆，增值税上属于小规模纳税人。张三为了促销，于是在2022年3月购买了一些儿童小礼品，让服务人员在街头进行广告宣传，有小朋友经过的时候，会同时赠送一个小礼品，一共送出去3 000元的小礼品。代理会计在做账及报税的时候,提出要对礼品计缴增值税和扣缴个人所得税,并解释这是属于增值税上货物类的视同销售行为。张三想不通,就是不想缴这笔税,如何办呢?

分析:依照《增值税暂行条例实施细则》的规定,将自产、委托加工或者购进的货物无偿赠送其他单位或者个人时需要视同销售计缴增值税,这里包括一般纳税人与小规模纳税人,代理报税人员说得没错。但其实现实当中的很多业务场景,是可以去调整与规划的,那么有没有可能解释避开案例中视同销售的认定呢?

第一,这种单纯的货物赠送行为,属于增值税的视同销售,是应税行为,若老板选择此方式进行促销,则计税是可以要求的。

第二,令人欣喜的是,随同服务或者销售货物同时附赠的物品,营改增之后,部分税务机关的意见不再教条主义地看成"一个是销售行为,一个是赠送行为",而被认为是组合销售的行为,只是定价方式的说法存在差异。但是不排除有的税务人员仍按传统理解,所以纳税人对于持传统理解的意见也要特别谨慎关注。

第三,并不是任何时候的赠送都是应税行为。这里还是需要进行"有意义的分析"。比如笔者曾遇到过这样的案例:对于某奶品店发放给过路人的产品手册,个别税务人员认为其是有"价"的，要求奶品店作视同销售计税，这就是误解了经济价值上的判断，这份产品手册只是发挥了一个广告的效应，我们不排除路人拿着产品手册给小朋友叠飞机玩，或存在其他有用之处，但从常理上看，它不是一个有效的产品，只是引导潜在客户的工具，不宜作为有使用价值与计量价值的货物看待。

第四，对于无偿赠送的小礼品，还有个人所得税的扣缴风险[①]。

【例3-14】 遇到某伙伴的咨询："税务机关对于其关联公司之间的无偿借款提出异议，要求按公允的

---

① 依据《财政部 税务总局关于个人取得有关收入适用个人所得税应税所得项目的公告》（财政部 税务总局公告2019年第74号）规定：企业在业务宣传、广告等活动中，随机向本单位以外的个人赠送礼品（包括网络红包，下同），以及企业在年会、座谈会、庆典以及其他活动中向本单位以外的个人赠送礼品，个人取得的礼品收入，按照"偶然所得"项目计算缴纳个人所得税，但企业赠送的具有价格折扣或折让性质的消费券、代金券、抵用券、优惠券等礼品除外。

依据《财政部 国家税务总局关于企业促销展业赠送礼品有关个人所得税问题的通知》（财税〔2011〕50号）规定：企业在销售商品（产品）和提供服务过程中向个人赠送礼品，属于下列情形之一的，不征收个人所得税：

1.企业通过价格折扣、折让方式向个人销售商品（产品）和提供服务；

2.企业在向个人销售商品（产品）和提供服务的同时给予赠品，如通信企业对个人购买手机赠话费、入网费，或者购话费赠手机等；

3.企业对累积消费达到一定额度的个人按消费积分反馈礼品。

贷款利率水平计缴增值税与企业所得税,这有没有依据呢?"

分析:由于民营企业的往来款项往往比较多,对于财务人员来讲,可能经常遇到这样的问题,笔者也经常看到有一些专家发表此方面的分析文章或在讲座中进行交流讨论。依据财税〔2016〕36号文件,作增值税的视同销售处理,是有依据的,除了特殊情形下,如统借统还、集团内无偿借款可享受免税的待遇,其他情形下是需要按视同销售计缴增值税的。而对于企业所得税,情形就比较复杂了。一方面是在税收征管上,若从反避税的角度分析,这是属于反避税部门的主要调整管理对象,而对于内资企业之间的反避税,税务总局向来比较谨慎,若相关方税负相同,也不在鼓励调整之列,则从稽查的角度,很可能要求相应占用资金的成本不得税前扣除,其认为是与应税事项不相关的支出,稽查部门进行反避税调整的可能性不大(有个别案例稽查部门处理过),或会让纳税人自行进行调整补税处理。对于纳税人来讲,要进行长远考虑,自己调整后,那么使用资金的一方要不要作成本扣除?这个诉求是可以提出来的。另一方面,依据企业所得税政策,企业无偿借款是不是要作为所得税上的视同销售处理,目前相关规定不明确,从笔者查阅的资料与咨询的意见来看,部分地区的所得税研究人士认为并不宜进行视同销售的判定。

不过,我们要分清企业交易中的"预收款项""预付款项"的区别,这里是资金的预先支付,是基于预期的交易进行的款项的预先收支,从而促使销售方及时进行交付,并非以无偿占用资金为目的,不存在上述视同销售的问题。但也不排除有的资金往来是以预付、预收交易款项来进行包装的。

在上述促销案例中,有一些方式可以进行探讨(见表3-7)。

表3-7　　　　　　可探讨的促销方式及计税规定

情形举例	说明	计税规定
带小朋友入店就餐赠送小礼品	这属于销售的组成部分,尽管小礼品是送的,但是羊毛出在羊身上,纳税人取得的收入已经计算了服务的成本部分了,购买小礼品的支出属于餐厅的销售成本	笔者认为不是无偿赠送,是有代价的赠送,不需要计缴增值税(不排除有的人士认为属于单独的视同销售)
销售"打包外卖"赠送小礼品	疫情之下,打包外卖的情形越来越多,此时属于组合销售	同上
付1分钱带走	若有朋友想得到小礼品,可以通过加1分钱购买的方式取得。或许有人提出异议,认为折扣过低不正常,属于以"玩套路"的方式规避税收,但当下并没有对折扣比例进行禁止的税务规定	这属于折扣购买,折扣部分不视作个人所得税的应税所得,当下的"秒杀"活动大多属于此类情形

在规划促销方案时,已经支出成本费用了,若因为

方式不恰当,再承担"额外"的税费支出,这可能不是大家想看到的结果。一方面可能因税费事项占用了预算,或者导致支出超出了预算,资金支出增多;另一方面是同业竞争时,存在经营水平高低的差异。适配税收法规、税收政策的"经营行为""商业行为",在没有利益流入的情形下,尽量避免产生税费支出,这时候就需要税收专业知识与业务的完美结合。《增值税法》草案中已经对视同销售的范围进行了收缩,希望减少企业"额外税收成本"的产生源头,不能因存在"税收漏洞"就全面"规范"。立法过程中多领域专家参与可以改变传统财税人的"理论束缚",也是一种进步的体现。

另外,在实际业务中,有的企业搞促销活动时,为了减少承担"偶然所得"个税的成本,往往会找第三方进行商务转包服务,将扣缴的风险转嫁给第三方,取得商务服务的发票以"掩盖"其中的赠送情形。

3.11 本章小结

本章所述事项及相应的案例,说明在复杂的业务场景和复杂的税收规则之下,可能会遇到各种各样、千奇百怪的涉税计缴的事项。要知道,在税收的处理上,可并不是"不知者不怪",当然也有的纳税人是"无知者无畏"。总之,只要发生涉税事项,后悔往往是来不及的,特别是实施了相应的行为,做完了纳税申报,形成会计记录,相应的凭据、合同均形成了历史记录,再反悔去修改、调整是非常难的。错误会留下痕迹,这些痕迹并非只涉及自己,还可能涉及业务伙伴、公司雇员、朋友等,当利益不对等、敏感度有差异之时,反悔往往也改变不了太多东西,应对成本比较高。

不过,也不排除有的老板或财务人员在出现问题后,提供虚假的资料,编制虚假的数据,进行虚假的说明。俗语说:"常在河边走,哪能不湿鞋。"一个谎言需要更多的谎言去掩盖,这是非常难的,也是很累的。偶尔侥幸躲过补税事项,千万别认为税务人员好糊弄。在税务信息化日益发达的时代,单人进行税务管理的模式已发生了很大的变化。当出现问题的时候,有时候看来,纳税人并不是那么的"无辜"。

不过,有问题不可怕,专业地预知、提防及应对才是关键。笔者结合自己的理解、经历及案例分析心得,作一个梳理以供大家探讨。

第一,关于税务计税规则与商业模式的价值契合。

曾经有税务专家自夸,其一个妙招让某某老板节税多少万元、多少亿元,救活一个企业。笔者认为在特定的情形之下，或者信息不对称的时候，这是完全有可能的。因为税务规划本身也是一种生意、一项业务，但专家并非一直是救世主，双方认为值，那就值，其他人或许认为不值，或者认为被忽悠，那也是别人的事，主要是专家提供的建议对某位或某些老板带来价值、认可与心理平衡即可，而不一定能对所有人带来同样的价值，毕竟很多的税务安排，更多时候像是一个点子，它本身并不是生产力，只是突破了规则中的技术问题，当知道个中缘由了，税务安排感觉上就不再那么值钱了。税务问题并没有那么多的神秘性可言，也不是一个人聪明不聪明所能把控的。同时，笔者认为，一个企业的成功，肯定不单是税务优势所决定的，而是源于业务的创新性、竞争下的商业价值，这是根本。多数情形下，税务的恰当处理带来的是锦上添花的作用，只是偶然对于某个环节或单个的事项会发挥奇迹的作用。

第二，读书但不完全信书。

现在市场上涉税方面的培训与图书非常多，需要多看多问多比较，即使是笔者所写的书籍，也只是芸芸工具书中的一部分。税务问题发生时，有的是"有病乱投医"。在此危急情况下，笔者认为信任是前提，因为每个机构、每个专家经营自己的服务品牌的方式是不一样的。上面我们提过，税务问题的解决不是聪明不聪明的问题,也不像专利那样有其独占性,在专业性与实用性方面,都有其可考虑之处。知名专家提供的方案也并不一定"保安全"。

第三,突破传统,创新商业路径。

笔者发现,有一些企业的发展,更多是循着那些知名企业家的语录或励志故事去模仿,去探索。但是,当竞争越来越同质化的时候,国家税收征管的力度与手段越来越多的时候,税负问题必然成为一种竞争要素。近年来某些传统生产企业的利润率越来越低,有些老板就想通过一些不合规的手段,来"保护利润",比如采取账外收款不计缴税款的方式。有一些行业中大家似乎普遍这么做,此时,谁保护自己早,可能就会形成自己的护城河。

上面我们提到的所谓的陷阱问题,在技术上可以聊的类似内容还有很多,每个财税从业人士都或多或少的有自己的梳理与心得。举一反三,做到关注、重视、知晓、学习与应用,最主要的是在合法的基础上规划好,毕竟它将一直贯穿于企业的整个生命过程中。

4

利益回报与给付

在日常的业务活动中,老板及员工、第三方个人与企业发生资产(特别是货币)转移情形比较多,名义也比较复杂,其中的税务问题盘根错节,特别是个人所得税的相关问题非常突出,税务不合规之处比较普遍。如何处理公私之间、合作伙伴之间的业务关系及其税务问题,也是企业主一直比较头疼的问题。

比如出资人或公司股东,其从企业取得的所得的类型可能有多样,则这种情形下的计税方式也很多样(见表4-1)。

表 4-1　　　　从企业取得的所得类型及相应的计税方式

经营类型	个人所得类型或种类	计税方式
自然人	多数属于工资薪酬所得或劳务报酬所得，又或者是经营类所得	以综合所得计个税，或经营所得计个税
个体工商户、个人独资企业、合伙企业	经营所得（演员、网红所得多不予认可这类形式）	以查账或核定等方式计个税，核定情形越来越少、越来越难
公司	工资薪酬所得或股息红利所得、转移资产的转让所得	以不同的所得类型相应计缴个税

目前对于"双高人士"（高净值、高收入人士）的个税监管越来越严格，信息管理手段也越来越丰富，监管模式逐渐严密与成体系化，相关部门对其中涉及的偷漏税等违法违规的情形已经重视起来了，持续强化征管力度。实话说，之前那些"成功的税务筹划手段"已基本上没有用武之地了，再有这样做的，有点自欺欺人的感觉。传统的几类方式，比如套取财政返还、核定征收经营所得的个税、代开发票、虚列人头套取现金等情形，只要开始稽查，几乎是一查一个准儿。

我们发现，当下大型的企业集团、在海外上市或进行海外投资的企业，其老板或高管的税负管理还是有一些空间的。因为对于境外信息的获取、查验，对于应税所得的认定和处理明确，还需要从国家层面进行统一步调，强化征收依据及手段，进而开启海外所得"以案促治"、样本效应的先河。境内个人之间的交易结算，除了比如股权转让、不动产转让等管控情形需要采取"先税后证"方式,其他的货物买卖、服务提供,出于对个人追缴税款的成本、手段因素的考虑,还在探索阶段。频频发生的涉税举报,也成了重要的线索来源。

4.1 投资人从单位取得所得的形式有"多"不同

自然人设立个体工商户、个人独资企业,与其他个人或企业合伙设立合伙企业,此三种情形下是直接以个人的经营所得来计缴个人所得税的。那么这些人能不能在相关主体中列支薪酬呢?其实在计算经营所得的个人所得税时,并不支持其个人薪酬的扣除,因为若再在经营所得中列支与扣减支付给该自然人的工资薪金所得,就会产生计税适用上的矛盾,到底以哪个所得来计算个人所得税就混乱了!所以,政策对此明确,自然人的经营所得核算中,不得扣除设立人(投资人)的工资薪金,哪怕其以工资薪金所得已申报了综合所得的个税,也可以在汇算清缴时办理退税处理并要求一并按经营所得计税。由于明显不符合政策要求,平时个人可以以暂借款项挂账处理,到年度结束再清算。

若个人投资设立了公司,情形就不同了,投资人可能涉及的所得类型包括工资薪金所得、劳务报酬所得、财产租赁所得、经营所得、利息股息红利所得等；若是转让股权，则取得的是财产转让所得。笔者在这儿想说明的是，投资人在公司取得的所得并不应限定于工资薪金与分红所得，也可能有劳务报酬的取得。不过，多数的情形下，老板在公司列支工资相对比较普遍，方便缴纳个税与社保，有利于自己的个人利益考虑。当有利润取得分红时，或者提供借款收取利息时，按利息、股息、红利所得以20%计缴个人所得税，并不影响个人取得薪酬的所得类型，只需要分别计缴各个所得的个人所得税即可。

一般情形下，老板在公司"拼命"地工作，没有获取一分钱的工资，相当于"白干"，此时千万别想得太多，认为税务上处理不规范、有问题。比如笔者遇到一个老板咨询："我们的代账会计非要让我在单位发放薪酬申报个税，有这个强制性要求吗？"在当前的政策下，个人未实际取得所得，同时公司未支付费用，也未税前扣除，此时不存在纳税义务。

另一种情形下，老板若从一个单位中既取得工资薪金，又有劳务报酬，甚至还有收获经营所得的服务，这些个人经济性的对价所得，很难划分清楚。据了解，曾经有一家单位支付给某个自然人的报酬中，既有工资，又有经营所得，税务部门倾向于将其经营所得并入工资进行计税。对于经营所得，比如通过代开发票报销、通过第三方用工平台开发票结算（这类情形由于中间隔着一个平台企业，形式上稍为复杂）等形式，有规避个人所得税的嫌疑，税务部门很有可能要求将经营所得转化为薪酬所得，认为其以经营所得的"核定征税"规避应纳薪酬的个税。相关部门对此已经开始关注并进行数据跟踪了，笔者近期遇到过类似案例。当税务机关向企业提出就支付的经营所得的服务内容进行核查时，恐怕很难有企业说得清楚。笔者观察，之前一些由个人代开发票并按征收率核定个税的热门省份或城市，经过整治，现在基本上相对规范了，招商代理的机构也纷纷转行，一定程度上堵上了这个"漏洞"。有人提出来，让老板设立一个个体工商户给企业提供服务，应怎样收取款项呢？笔者认为，首先需要确定服务的真实性，看提供了什么；其次要查看老板在单位有没有领取薪酬，因为薪酬本身就代表着老板为单位工作，"一人兼两个角色"明显不合理。

因此，形式上的"筹划方案"，不再那么美好可行，无论真假，在税务机关加大稽查力度的情况下，是很容易被找到把柄的。此时企业面临的不仅是折腾与补税的事，还可能因小失大，引起一系列不可预期的连锁风险。

有一个老问题："为什么个人股东从公司借款超过

一年不还时，要算为股东的股息红利所得，按20%计缴个人所得税，而不是要求按照薪酬所得来计缴个税？"按股息红利所得依20%税率计缴个税的理解是比较顺畅的，也易于纳税人接受，特别是金额较大时，按照薪酬所得，其最高税率为45%，一方面是容易超出股东的承受力，另一方面有的股东并不一定在单位取得薪酬，其雇佣关系并不必然形成。此外，这涉及个人股东与被投资公司之间的关系，不是给的薪酬多少的问题。尽管有的专家质疑，这种情形下需要看企业有没有可供分配的利润，有剩余利润才有股息红利的分配基础。笔者认为，从结果推论看，个人是实实在在得到了资金，征税有相应的事实表现，当前数个法院判例也是这样判定的，这本身就是一个反避税的税收政策，何来前面所谓的理论假想呢？笔者观察尽管当下在日常检查中较少涉及，还是需要去注意的。特别是借款后超过一年归还的情形，若被征税，就是一个很明显的计税"陷阱"。进一步看，从税不重征的角度，未来若再分红时抵销此部分应税所得，较为合理，但这只是我们的理论分析，并无明确的财税政策支持抵销，更没有归还后给予退税的统一规定。之前河北省地方税务局的意见"个人投资者归还从其投资企业取得的一年以上借款，已经按照'利息、股息、红利'征收的个人所得税，应予以退还或在以后应纳个人所得税中抵扣"倒是很值得赞许的。

下面我们讨论一个相对冷门但更为专业的内容，这种情况下就很有可能带来重复征税的结果。财税〔2003〕158号文件规定：

> 二、关于个人投资者从其投资的企业（个人独资企业、合伙企业除外）借款长期不还的处理问题
>
> 纳税年度内个人投资者从其投资企业（个人独资企业、合伙企业除外）借款，在该纳税年度终了后既不归还，又未用于企业生产经营的，其未归还的借款可视为企业对个人投资者的红利分配，依照"利息、股息、红利所得"项目计征个人所得税。

我们来讨论一下上述条款所附的括号中的内容，为什么要对个人独资企业和合伙企业除外呢？其实很好理解，因为个人独资企业与合伙企业的个人投资者是按"先分后税"经营所得的方式计税，既然每年清分计税，那么账面上的利润就是税后的，此时借款跟公司的股东取得的利润是不存在相似性的，依规定公司的利润进行分红时个人要按20%税率计税，此时才有所得的认定及其应税义务的产生；而个人独资企业与合伙企业却不是这样，他们没有留存的未计税利润，至多算是自己投资的钱的返回，而借款这一行为又很难定性为规避个税。总之，从公司借款用于个人消费，这是个税中的反避税

政策,要是没有限期性的税收规范,很难说会不会有股东借款到公司关门,此时不就真征不到股息红利的个税了?所以强制性的规定还是有必要的,对高净值人士的税收征管政策不容出现这么大的漏洞。

有人提出来:"为什么这么笨呢,让员工帮着借不就行了?"笔者了解到,之前国家税务总局的文件有提及员工借款计征个税的内容,暗含着员工帮老板借款的情形;也有的将收到的商业票据直接找第三方帮"贴现"变现转到老板个人名下,公司账上仍挂着应收票据。中国有句老话:"假的真不了",逃得了一时,难逃一世,这种避税手段不是长久之计,是一种侥幸的做法。

4.2 从哪个主体发薪酬是谁定的

现实当中,对于集团型企业,从哪个主体发放老板与高管的工资,似乎成了一道选择题。比如有这样的误解:

情形一:某公司财务跟老板说:"一个人只能从一个单位收取薪酬,不能在两个以上单位收取薪酬,因为一个人只能签订一份劳动合同!"看起来说得很有道理,日常生活中,鲜有见到个人签订两份及以上劳动合同的,多是"专一"型的劳动合同关系。但是,我们不同领域的政策并不是跨界的,通常是各管一摊,财务人员不宜自作主张,去肯定或否定另一个劳动用工领域的事项。因为这种理解本身就是错的。

从《劳动合同法》的角度分析,一个人签订多份劳动合同,建立多个劳动用工关系并无限制,其中有一个相关的条款:

第三十九条 劳动者有下列情形之一的,用人单位可以解除劳动合同:

(一)在试用期间被证明不符合录用条件的;

(二)严重违反用人单位的规章制度的;

(三)严重失职,营私舞弊,给用人单位造成重大损害的;

(四)劳动者同时与其他用人单位建立劳动关系,对完成本单位的工作任务造成严重影响,或者经用人单位提出,拒不改正的;

(五)因本法第二十六条第一款第一项[①]规定的情形

[①] 第二十六条 下列劳动合同无效或者部分无效:
(一)以欺诈、胁迫的手段或者乘人之危,使对方在违背真实意思的情况下订立或者变更劳动合同的;
(二)用人单位免除自己的法定责任、排除劳动者权利的;
(三)违反法律、行政法规强制性规定的。
对劳动合同的无效或者部分无效有争议的,由劳动争议仲裁机构或者人民法院确认。

致使劳动合同无效的；

（六）被依法追究刑事责任的。

另外大家也可以想想，若没有从两处以上取得薪酬的情形，税法上又何以规定这类情形呢？比如对于个人综合所得汇算清缴的要求：

需要办理汇算清缴的纳税人，应当在取得所得的次年3月1日至6月30日内，向任职、受雇单位所在地主管税务机关办理纳税申报，并报送"个人所得税年度自行纳税申报表"。纳税人有两处以上任职、受雇单位的，选择向其中一处任职、受雇单位所在地主管税务机关办理纳税申报；纳税人没有任职、受雇单位的，向户籍所在地或经常居住地主管税务机关办理纳税申报。

对于集团型的企业，或者企业关联方比较多的企业，员工以雇佣关系在多个主体工作的情形是很常见的，彼此之间挂职的情形也比较多，此时取得的相关报酬就是工资、薪金所得。一个人并不是只能有一份薪酬来源，而其余的工作所得只能是劳务报酬，而且也并不是基于劳动合同的签订才能确定雇佣关系，取得的才是薪酬所得。比如一些大学的实习生，在企业中实习，其取得的所得类型可能是工资，也可能是劳务报酬。当是工资类所得的情形时，多数也是不会签

订劳动合同的。

情形二：即使对单位有工作付出，老板与高管没有要所得也是很正常的。税收政策上并不强制此时需要遵循"独立交易原则"，甚至当前的政策当中对此没有十分关注，这是因为个人并不是一个独立的核算型的纳税主体，跟企业是不一样的，其所得是以实实在在到手为前提的（即使不到手也是暂时性的欠账关系）。

【例4-1】张三、李四与王五成立了大强公司，该公司不从事实际的业务。大强公司随后又投资成立了小强公司，只在小强公司从事具体的业务。三人可以在大强公司取得薪酬，也可以在小强公司取得薪酬，这事投资人可以去规划安排。注意这并不是偷逃税的问题，是基于实际行为的发生来安排的。纵然三个人的贡献可能并不一致，有的多，有的少，有的人可能"一年到头见不到面"，但可能其一个点子、一句话，就值得企业给付薪酬，这里如何评判一个人所提供的价值多少，更多是由投资人或管理层进行决策。对于国有企业，基于考核管理、内控管理的要求，会有额度、时间等方面的要求，这是税法之外的因素，并不决定税法上的所得定性。有的财务人员提出来："我们更愿意从有收入的主体发放工资，因为可以抵减所得税。"这当然是基于实际情形的一种选择。

当老板了解了相关的政策及规则之后,不再被那些"道听途说"的吓人理论所影响时,可能对于一些基础事项的处理就会自信与灵活起来。

【例4-2】某公司拟为高管进行个税筹划,于是"被招商"到某地设立了一个企业,"专门"用于发放工资、奖励。有的钱是通过投资进来的,有的是通过集团内部服务转移过来的。在缴完个人所得税后,当地还给高管奖励,比如按实缴个税额的30%给予奖励,高管们"很开心",认为公司财务的工作做得很给力,财务也开心。

分析:对于老板来讲,除了考虑自己的利益之外,还会考虑跟着自己打理企业的高管们的利益。有人士可能提出来:"把高管都发展成为股东不好吗?这样取得股息红利按20%税率计税已是相对比较低的税负成本了!"这就要注意了,给钱可能好说,但把企业的"命"给出去,事情就不这么简单了。它并不单单是税负的事,企业的经营并非我们想象得那么容易。当有的企业没有利润,或者有利润没有现金,那要不要分配呢?比如某上市公司上市募资后,此时没有利润或利润极少,但有支付能力,就可能设置一些奖励的指标来给高管们发放奖励,这些指标就不一定是利润指标。另外,高管们也不见得就一定愿意当股东,发放薪酬的利益更为直接明确，但高管们对于税负的敏感度还是存在的，也有此方面或多或少的需求，上面的案例只是众多筹划方案中的一种。

新设一个主体专用于发放薪酬，核心是钱从哪来？股东入股的资金可用于发放薪酬，利用关联交易来转移资金也是一些企业常采用的方法。在表现形式上，某主体向集团内其他主体提供服务，若业务真实倒可以解释，只是很容易被看穿，比如明明家在上海，上班的地方在上海，挂职在上海的公司，大部分的薪酬却是由异地一个不经常去的单位发放，异地的政府招商部门与财税部门可能"开心"了，但上海的相关部门人员可能会"头疼"。不过有时可能也会受到质疑，比如有的地方的税务机关会关注到这家发放薪酬的单位，开具发票的金额比较大，成本比较单一，相关人员只发放薪酬，不缴纳社保。这是做什么业务的企业呢？有没有风险呢？笔者曾了解到转移资金用于发放薪酬，有企业刚成立一年，收入的金额就到了数千万元，税务机关也敏感地发现了，要求企业进行专门的解释说明。

税收政策在实践当中的应用，并不绝对受限于其他的法律、法规或规章，要先看税法的依据如何。笔者反对某些专家在解读税收政策时，直接依据其他的法律法规进行判断，比如认为企业做的广告内容不合规，由此判断广告费用不得税前计算扣除。同时笔者认为,在尚未理解透彻其他法律法规的规定时,不宜"大嘴一张"就给企业出意见提供咨询。实务当中,有个别的税务从业人士,潜意识认为法律法规及行政部门的政策,彼此之间是相通的,"活学活用"非税收相关的政策非常顺手,让企业的财务人员无从应对。什么是税收法定,还是要看税收的法律法规,上述类似"套用"宜谨慎,其他法律法规中的涉税规定,更多是一种程序性的解释,比如《民法典》中有这样的内容:

> 第一千一百六十一条 继承人以所得遗产实际价值为限清偿被继承人依法应当缴纳的税款和债务。超过遗产实际价值部分,继承人自愿偿还的不在此限。
>
> 继承人放弃继承的,对被继承人依法应当缴纳的税款和债务可以不负清偿责任。

这里不是界定税收实体法与程序法的问题,而是涉及国家税款利益的权利保障问题。《中华人民共和国宪法》规定,"中华人民共和国公民有依照法律纳税的义务",若依此条款,就可以判定自然人有纳税义务,岂不是也过于武断?就算是有纳税义务,纳税义务是什么时间,金额是多少,是不是要依据税法的相关政策判断呢?

4.3 找"包工头"雇人或平台提供服务规避社保要注意的问题

受疫情影响,某些企业的用工管理出现不规范的问题,其中比较大的一个问题,是不依法履行企业承担社会保险的法定义务,究其原因,比较复杂。一是企业本身能力的问题,行业竞争的压力,特别是老板的态度问题;二是部分员工也不愿意缴纳应由自己承担的部分,这主要是因为其对未来利益的"感受度"不强。但这终究涉及违法违规,特别是对于一些上市公司、大型公司来讲,为了遵从政策,也为了自己的名誉考虑,就开始想办法了。于是,多种以"减少社保成本"为目标的用工业态就纷纷登场了,比如某些快递行业、餐饮行业,甚至制造型企业,屡有开始尝试这类用工安排,即将原来自雇型员工关系转为临时用工、派遣用工或外包用工,其动因有新型经济模式的创新,但底层逻辑是利益的推动,即规避社保成本支出和住房公积金成本支出,规避雇主责任。

尽管相关部门对于一些创新型的用工平台加大关注并进行了调研,也发现其用工模式对劳动者利益的影响,影响到了国家社保政策的基础,但目前来看,似乎并没有对此进行严格的限制。这里可能有两个方面的原因：一是疫情原因对企业的宽容与扶持，劳动者就业不容易，国家先行鼓励灵活用工、互联网平台用工的发展；二是这些新型用工模式的出现，加之一些媒介或行业龙头企业的推动，其带来的影响还需要观望一下。短期来看，规避雇佣关系，调整成为自然人间接与企业之间的服务关系，有一定的规划空间。需要补充的是，基于个人需自行承担社保与住房公积金的硬性支出问题，由于其当下利益的相关性大，但未来的期待性并不强，特别是工作不稳定的人员，多是来自农村或城乡地区的人员，本身在农村或城市办理了个人的医疗保险，其缴纳其他社保的意愿不强。单位调整用工方式，个人到手的报酬似乎还多了，特别是在个人取得所得的时候，其计税方式从工资薪金所得一并被筹划转为"经营所得"（个税以征收率方式进行委托代征或者让每个人成立个体工商户进行核定征收），当以极低的比例进行核定计征时，短期利益上达成了一致，所以并没有发生大规模的"抗议"，加之当下找工作确实很难。

但当个人在从业中发生交通事故等意外事件时，可能就会与企业发生责任争议，举证自己与企业是事实上的劳动用工关系。在一些法院判例中，相关人员的利益得到了雇佣关系的认定及与之相适用的权益保护。有人认为，这里是不是出于保护弱势一方的考虑，才进行

"照顾"审判的。笔者认为，以服务之形，行雇佣之实，其实多数人心里都明白，只是当这一矛盾潜在水面以下之时，看似风平浪静，实则暗流涌动。

【例4-3】疫情之下，某餐饮连锁企业积极复工复产，其间有人员裁减，但是用工成本仍然感觉难以承担，特别是社保方面的支出金额较大。此时，有数个人力服务机构"毛遂自荐"，想与企业合作，提出了不同的规划方案。

方案一：将原来雇佣的餐厅服务人员转变为灵活用工的方式，由某灵活用工平台（一家公司）接单后再转包给个人。其实本身什么也没有变化，但是账务处理改变了，不用在账上列支工资薪酬了，代之取得某灵活用工平台开具的增值税专用发票进行结算，适用税率为6%。在6%的基础之上，灵活用工平台再加收1%—2%的"手续费"。作为灵活用工平台，其对外发包服务业务，"招募服务人员"从事原来的餐厅服务工作。这种"脑洞大开"的调整方式，逻辑看上去很严密，它从形式上破解了雇佣关系。但平台也并不希望自己与个人形成雇佣关系，所以一开始多数是将个人的服务认定为"经营活动"，获得当地税务机关的认可并以核定方式计缴个税，以避开自己法定的个人所得税扣缴义务。后来，多数平台为了减少向个人支付的金额是经营所得还是劳务报酬的划分风险，干脆让这些个人（甚至是其亲属朋友）成立个体工商户，形成主体上的自我纳税，进一步规避自己的风险。

分析：笔者认为，从企业公民的担当角度，以及依法保护个人工作者的利益角度，这种方式"钻"了政策或征管的空子，如"掩耳盗铃"一样。或有专家提出来："人家有真实的业务存在，不是虚开！"但实际上，有一些仍是真正的用工单位与个人之间独立达成的真实业务，并不是平台去一个一个招人并安排到用工单位工作的真实业务。有的情形下，服务人员都不知道自己是如何成了为平台工作的（若要真实一定得有此业务实质）。平台更多的是代发了一下报酬，形成一个在线支付的平台，重点是给用工单位提供了发票，具体做什么业务恐怕难以解释清楚，特别是当涉及"套现"等问题时，风险就可能更大了。再比如"人力用工说"，即平台认为自己给多少人提供了工作岗位，解决了劳动就业的大问题，其实多数平台只是提供的信息管理，在很多的场景中，用工人员是使用方自己招募与对接的，是简单地将信息提供给了平台。又比如"税源创造说"，平台认为自己给某地方带来了多少的财政收入，殊不知，这些收入是从别的地方转移过来的，并没有增加财政收入，况且此类平台多与当地有财政奖励的约定，谁得利也是很清楚的；还比如就所得类型"混水摸鱼"，时下个人所得税的相关政策对于个人劳务与个人临时经营所得的类型仅是原则性的规定，区分条件比较模糊，将一些比较明确的劳务服务所得"套用"经营所得进行核定计征个税（劳务报酬所得无核定操作），除规避了上面的社保类支出外，还筹划了个税，所以这类用工平台得到了迅猛的发展，使得整个行业良莠不齐。

虽然平台型用工形式普遍存在，且长时间来看，还相对稳定，似乎得到了部分相关部门的认可与支持。但风险也在与日俱增，特别是存在一些"赤裸裸地"虚开发票且有涉嫌洗钱等违法犯罪的行为，相关的案例屡有报道，气氛似乎越来越紧张。不过，笔者并非认为平台用工方式"有百害而无一利"，既然存在了，就说明有这类需求及存在的合理性，合规引导又鼓励创新，完善制度与政策，对违法行为精准打击，建立公平、有序的经济与社会秩序与运行规则才是关键。比如最基本的是，平台在吸引、管理、派出这些服务人员的过程当中，有所参与，而不仅仅是"来单开票，听令转款"。或许有人说，在这个业务链条中，没有国家增值税税款的损失，不存在虚开增值税发票的风险，这里我们要分开来看：

第一,若有用工之实,此时用工平台进行的只是提供"结算"服务,则行政法上的虚开发票行为是极可能存在的,在虚开的认定上,不同的税务稽查部门可能有不同的认识,也存在一些顾虑之处。对于先有服务后补发票的情形,更符合虚开的条件了。

第二,若用工不实,如上面所述,上游开具了6%的专用发票,下游抵扣了6%的专用发票,这也属于行政法上的虚开发票行为,当有行政罚款处理。再者,有没有刑法上对于相关个人追究虚开增值税专用发票罪的风险?从行为发生的角度,可以依法进行追究,尽管有人解释此环节中没有危害增值税税收,但行为中存在主观性意图,通过"买票卖票"赚取"开票费"在销售过程中露出的蛛丝马迹,导致该行为很容易翻车。而且一些相关的案例支持了这样的判决。其中个别业务可能是虚假的,资金往往有回流,或者是存在为员工避税的行为,这跟卖票有什么区别呢?平台企业一旦控制不好风险,很可能因个案问题影响到整个业务。

【陷阱一:合理性】既然是灵活用工,从普遍性的理解及合理性角度来看,一个人的月收入比如5 000元左右,是相对合理,若是达到2万元甚至10万元以上,恐怕其真实性就需要谨慎关注了。因为这个工资不太符合市场的用工行情,"套现"的可能性比较大,说不定就是给高管或其他一些个人进行的"不正当的费用"的套现支付。

【陷阱二：选择平台】对于一些小众的平台，特别是收取手续费"便宜"的平台，需要谨慎选择，评估其风险可控度，一旦对方有部分业务出现虚开发票的问题，很可能因此受到牵连，且不说6%进项税额不得抵扣，行政罚款甚至刑事责任都可能发生。若业务真实、人员多时，可以考虑设立一家自己可控的有实际人员运营管理的用工企业进行处理。

现在市场上的用工平台，似乎想"分一杯羹"的投资者大有人在。多数是当生意在做，没有充分地考虑业务中的税务风险、发票风险、洗钱的风险，相关的既得利益方维持着一种默契的平衡，笔者建议行业从业者、用工企业需要以真实为基础，恰当使用筹划手段。

> 方案二："包工头"接单方式，即以某个个人作为包工头，带几个或数十个人员进行接单"外包"服务，企业统一与包工头结算，再由包工头给服务人员结算款项（此时包工头可能自己会挣一部分差价）。包工头以代开发票的方式，或者成立个体工商户的方式收取款项，核定计缴个税。而后包工头私下支付给其他人员的费用时，往往就脱离了税收监管，很可能没有计缴个税。

参考上面所述的内容，用工企业不能只做形式上的方案处理，而是要实实在在地体现在业务流程与管理中，比如包工头只是形式上的，相关人员的管理仍由公司负责，支付明细也由公司决定，此时就会涉及"造假"的问题，往往找不同的人员一问就查出来了。

一方面，笔者认为，无论是履行公民义务与发挥正能量，还是企业履行合规义务，还有很长的路要走；另一方面，国家政策的明确与引导，也可以进行一些细化强化，既鼓励创新，又要及时地堵住漏洞，不然时间长了反而被认为是理所应当之事。自己好是短期的个体利益，而国家好、社会好才是长期的发展保障。

4.4 "企业买豪车避税"是不是要严查了

前几年，一些自媒体上大量地宣传"豪车避税"的税务筹划方式，最近笔者发现了某省税务局官网发布了一则涉及企业为个人消费入账小汽车等事项的补税及罚款案例摘录如下：

违法事实：

（一）增值税方面。你单位于2022年4月29日向税务机关申请并取得退还增量增值税留抵税款241 121.43

元,其中包括44份增值税专用发票和1份机动车销售统一发票进项税额合计145 923.03元,属于你单位实际用于个人消费的购进机动车、空调等货物(服务)(发票情况详见附表),造成多申请并取得增值税退税款合计145 923.03元。

(二)企业所得税方面。1.上述第(一)点问题,涉及你单位将上述45份增值税专用发票作为记账凭据,分别在2019年度至2021年度计入"管理费用"科目,以及通过"固定资产"科目核算计提折旧,记入"管理费用"科目合计286 038.44元,其中:2019年度59 570.20元,2020年度107 842.60元,2021年度118 625.64元。2.你单位为上述第(一)点问题涉及的机动车购买保险费,取得增值税普通发票1份,发票代码为044002000511,发票号码为85181693,价税合计16 414.90元,在2021年度记入"管理费用"科目16 414.90元。3.你单位在2020年8月购进二手车1辆(车牌号:粤A-797VU),取得二手车销售统一发票2份,发票代码为044002000117,发票号码分别为00196271和00114325,车价合计990 000元,通过"固定资产"科目核算并计提折旧,在2020年度至2021年度记入"管理费用"科目合计118 340.01元,其中:2020年度22 310.01元,2021年度96 030元。4.你单位为上述第(一)点问题涉及的机动车、第3点二手车等车辆一并购买车船税,在2020年度至2021年度记入"税金及附加"科目合计8 160元,其中:2020年度3 960元,2021年度4 200元。上述第1点至第4点的费用均与你单位经营业务和取得收入无关,你单位已在企业所得税税前扣除金额合计428 953.35元,其中:2019年度59 570.20元,2020年度134 112.61元,2021年度235 270.54元,至检查日止没有作企业所得税纳税调整。上述违法事实有以下证据证明:(1)你单位申请退还增量留抵税额的电子税务局申请界面截图、相关会计处理的记账凭证、明细账复印件;(2)你单位取得上述发票及相关记账凭证、明细账复印件;(3)你单位相关所属期增值税申报表和企业所得税申报表复印件;(4)向你单位财务负责人询问制作的《询问笔录》;(5)你单位法定代表人陈××及该公司出具的《情况说明》及相关附表;(6)经你单位确认的《税务稽查工作底稿》;(7)其他证据。我局于2022年6月22日向你单位送达《税务行政处罚事项告知书》(穗税一稽罚告〔2022〕58号)后,你单位未提出陈述、申辩意见,也未在规定期限内提出听证申请。

处罚依据:

《中华人民共和国税收征收管理法》第六十三条第一款和《财政部 税务总局关于进一步加大增值税期末留抵退税政策实施力度的公告》(财政部 税务总局公告

2022年第14号）第十二条第三款、《中华人民共和国税收征收管理法》第六十四条第一款

处罚类别：罚款

处罚内容：

（一）根据《中华人民共和国税收征收管理法》第六十三条第一款和《财政部 税务总局关于进一步加大增值税期末留抵退税政策实施力度的公告》（财政部 税务总局公告2022年第14号）第十二条第三款"以虚增进项、虚假申报或其他欺骗手段，骗取留抵退税款的，由税务机关追缴其骗取的退税款，并按照《中华人民共和国税收征收管理法》等有关规定处理"的规定，你单位上述虚增进项税额，进行虚假纳税申报，向税务机关申请并取得增值税留抵退税款145 923.03元，同时，在账簿上多列支出，不缴少缴2019年度企业所得税2 978.51元的行为已构成偷税，拟对你单位处以罚款合计148 901.54元，其中：增值税罚款145 923.03元，企业所得税罚款2 978.51元。（二）根据《中华人民共和国税收征收管理法》第六十四条第一款的规定，你单位上述编造虚假计税依据，虚列费用在计算应纳税所得额时扣除，造成2020年度和2021年度虚报亏损额合计369 383.15元，经我局发出《责令限期改正通知书》（穗税一稽限改〔2022〕15号），你单位已作相应更

正申报，拟对你单位编造虚假计税依据的行为处罚款18 469.16元。

罚款金额（万元）：16.73707。

....

笔者尚不能确定税务机关是如何查到"属于你单位实际用于个人消费的购进机动车、空调等货物（服务）（发票情况详见附表）"的，字里行间显示可能是税务机关对其进行合理性的质疑，同时得到了财务负责人与法定代表人的询问肯定性回复。从处理结果看，要求对增值税进项税额与所得税税前扣除进行调整。现实当中，这种情形不是很常见吗？为什么鲜有税务机关进行此类调整的，这里面的风险如何把握呢？

第一，笔者结合上述的案例分析，可能是老板买的车基本上是个人在用，但发票入在公司账上了；空调有可能安装在自家房屋上了，同样发票入在公司账上了。此时若个人对此也承认，就是形式与实际不一致了，税务机关的处理是恰当的。空调安装在自家，事实比较明显，看看就知道；但说到汽车，谁能证明它是专用于个人而没有用于公司的业务需求呢？笔者仍认为，此案例不具有普遍适用性，比如老板一年就开车去参加了一次业务会议，后来汽车就在家放置未用或由其家人使用，这也很难以使用天数来界定其与公司之间的关联性价值，很有可能因为参加了这次会议，对企业的整体收入产生了很大的贡献。所以，是不是用于企业之用，多数情形下可能是自我的判断与说明。但不排除有人提出："一个公司经营得不怎么样，却花百万元购置豪车，明显不合理啊！"可能是存在这样的情形，但万一有不一样的呢？如果是从厂家购置的，是可以做一些解释的；如果是从老板名下购置过来的，则可能价格虚高，或者是存在利益转移，这是可以提出质疑的。

第二，老板作为股东（或不是行政登记中的股东身份，但是实际控制人），在企业有一定的职务、工作职责，是有存在价值的。笔者曾遇到某会计人员咨询，公司准备进行分红，有的老板想要钱，此时就需要承担20%的个人所得税，而有的老板可能就不想缴税，于是跟公司达成一致，用公司的名义买一辆车，实际是自己在使用。这样的事实背景展示出来后，只能进行个人所得的认定了，事实认定是关键，一旦认定后，除了上面的增值税、企业所得税的计算补缴，还有个人所得税的补缴问题。

企业老板从企业取得资金（资产）的方式是比较多样的，税收漏洞一直比较多，有的还比较隐蔽，金额也比较大。有时候问题的发现，是因为股东之间发生矛盾因举报而起，也有的是员工因为劳资纠纷进行相关信息的举报，另外也可能与供应商或客户发生矛盾而被举报，在此建议老板们不要轻易就自己税上的那点事"吹牛",否则容易引祸上身。

总之，有一些涉税的争议事项，可能源自未提前形成对事实的共性描述，或者对于业务的关联度没有安排好，当自己的解释或企业会计人员的说明过于"直白"时，是有误伤的可能的。尊重基本的事项，对于相关的业务进行"赋能"，需要从开始就要梳理清楚，而不是做完了再走"回头路"，在一个不恰当的解释基础之上再进行恰当的解释，很可能就失去主动性了。在尊重事实的基础上，对会计处理、业务展示、功能体现方面形成一致性的描述，有着基础却很重要的作用。

4.5 进退之道，挣钱与背负债务的问题

在日常接触的企业当中，我们或许会发现，有一些企业经营有方，也很挣钱，但是呢，企业老板习惯了过去那种"主观式低税负"的纳税方式，现在强化税收征管手段后，老板们的纳税意识有了一些变化，一旦需要从腰包向外掏钱纳税的时候，就不爽了，这毕竟需要一个心理的接受过程，是可以理解的。尽管是可以理解的，但法是无情的，在没有经历法的洗礼之前，往往会让人感觉无所谓，当面临着涉票、涉税的责任追究时，

产生了很大的贡献。所以，是不是用于企业之用，多数情形下可能是自我的判断与说明。但不排除有人提出："一个公司经营得不怎么样，却花百万元购置豪车，明显不合理啊！"可能是存在这样的情形，但万一有不一样的呢？如果是从厂家购置的，是可以做一些解释的；如果是从老板名下购置过来的，则可能价格虚高，或者是存在利益转移，这是可以提出质疑的。

第二，老板作为股东（或不是行政登记中的股东身份，但是实际控制人），在企业有一定的职务、工作职责，是有存在价值的。笔者曾遇到某会计人员咨询，公司准备进行分红，有的老板想要钱，此时就需要承担20%的个人所得税，而有的老板可能就不想缴税，于是跟公司达成一致，用公司的名义买一辆车，实际是自己在使用。这样的事实背景展示出来后，只能进行个人所得的认定了，事实认定是关键，一旦认定后，除了上面的增值税、企业所得税的计算补缴，还有个人所得税的补缴问题。

企业老板从企业取得资金（资产）的方式是比较多样的，税收漏洞一直比较多，有的还比较隐蔽，金额也比较大。有时候问题的发现，是因为股东之间发生矛盾因举报而起，也有的是员工因为劳资纠纷进行相关信息的举报，另外也可能与供应商或客户发生矛盾而被举报，在此建议老板们不要轻易就自己税上的那点事"吹牛"，否则容易引祸上身。

总之，有一些涉税的争议事项，可能源自未提前形成对事实的共性描述，或者对于业务的关联度没有安排好，当自己的解释或企业会计人员的说明过于"直白"时，是有误伤的可能的。尊重基本的事项，对于相关的业务进行"赋能"，需要从开始就要梳理清楚，而不是做完了再走"回头路"，在一个不恰当的解释基础之上再进行恰当的解释，很可能就失去主动性了。在尊重事实的基础上，对会计处理、业务展示、功能体现方面形成一致性的描述，有着基础却很重要的作用。

4.5 进退之道，挣钱与背负债务的问题

在日常接触的企业当中，我们或许会发现，有一些企业经营有方，也很挣钱，但是呢，企业老板习惯了过去那种"主观式低税负"的纳税方式，现在强化税收征管手段后，老板们的纳税意识有了一些变化，一旦需要从腰包向外掏钱纳税的时候，就不爽了，这毕竟需要一个心理的接受过程，是可以理解的。尽管是可以理解的，但法是无情的，在没有经历法的洗礼之前，往往会让人感觉无所谓，当面临着涉票、涉税的责任追究时，

往往才会认识到税法的"无情性"。及时行动,有力规划,是一件不得不做的事。

比如当企业向银行融资贷款时,银行往往要求企业进行不动产抵押,在公司账上没有不动产时,极可能让老板将个人的房产进行抵押,同时要求老板个人、配偶甚至子女一并提供无限连带的担保责任,这相当于全部身家都押上了。有的创业企业在引入战略投资者时,投资方也可能会要求老板与企业签订回购或补偿等对赌协议,当经营失败,出现困难,老板所面临的就不仅仅是依《中华人民共和国公司法》中提到的股东承担出资部分的有限责任了。在这里,子女的风险如何规避,这是可以规划的。

如何尽可能地防范类似的风险呢?

笔者认为,既然要获得支持或利益,就必然承担相应的义务,想轻松避开是不现实的。况且企业的经营风险是多种多样的,即使创业者非常努力,但外部风险往往是无法避免的,也不能完全预料,极端情形下,一个偶发事件就可能让经营中看着红红火火的企业倒下。特别是对于创业型的公司,缺乏积蓄,更多的时候需要创业人的"猛冲猛打",才有部分可能创业成功。所以,无论怀揣多么伟大的创业愿景,盲目地乐观是不可取的。或许有的人说:我跟配偶搞一个"假离婚",将相关的财产转移到配偶的名下,不就能很好地保护自己了吗?不可否认,这种处理方式在当下的一些业务场景中,有许多典型样本,比如日常生活中为了购房名额、购车名额,或出于逃避债务等考虑,假离婚的方式确实屡见不鲜。但这种方式也有两面性,它可能对自己的声誉及与儿女之间的亲情带来影响,假戏真做甚至发生"妻离子散"的悲剧。

如果从技术的角度来考虑,或许有一些方式是可以借鉴的。

【例4-4】某创业企业拟推出员工股权激励计划,于是搭建了合伙企业,在合伙企业层面建立持股平台,企业老板张三拟作为合伙企业的管理合伙人,依《合伙企业法》承担无限连带责任。后来张三看到网络上的一些合伙企业的案例,于是改变了直接以自然人作为管理合伙人的做法,成立了一家有限责任公司(注册资本10万元),以该主体作为管理合伙人,相当于隔离了自己的一些潜在的"无限责任风险"。

分析:曾看到不少人提出来:"合伙平台持股的方式,税负比较重,比如经营所得的税率最高达到35%,还不如让个人成为公司的股东,退出时其所得的个人所得税税率是20%,更有利"。这种仅从计量层面得出的结论没错,但这仅仅是站在利益的角度来看待问题,在企业日常的经营活动当中,需要综合考虑管理权、成本、风险、效益空间等。通过设立合伙企业作为员工股权激励的平台,相比差价利益,老板们更青睐管理决策权。同时,老板通过有限公司成为管理合伙人,是在当前法律框架下的一种"自我保护方式"。

也有人提出来,若都用有限公司作为无限合伙人,不是意味着《合法企业法》中赋予普通合伙人的法律责任落空了吗?笔者认为,一定程度上确实存在责任规避的漏洞,特别是在实际业务中,其组织结构与层级可能会更加复杂,很难清楚地看出来;但我们也注意到,合伙企业作为持股平台,平常也不从事有风险的经营活动,发生风险的概率也相对较低。

多年以来,信托架构多被一些海外上市的企业家及员工持股平台所使用,在海外的法律体系中发展也较为成熟。在国内,信托业的发展却有很多个性之处,比如前几年的融资通道业务(影子银行)、发行信托理财份额的业务,也着实红火了一把,这也是随着中国产业、政策监管发展的不同阶段而出现的。这几年来,我们经常听闻某地方信托公司产品出现爆雷的报道,闻"信托"而心悸者不乏其人,一些人对于信托公司的信任度大打折扣。其实,这是基于某个案的影响,信托还是有着很多独特作用的。笔者发现,这两年来,私人银行业务部门、家族服务的企业或机构,广泛且大力地进行信托业务的宣传,以期为中国的高净值人士或家庭提供专属的家族信托服务,即对其财产提供信托代管服务,这倒是回归了信托的本质。

《中华人民共和国信托法》规定:

第二条 本法所称信托,是指委托人基于对受托人的信任,将其财产权委托给受托人,由受托人按委托人的意愿以自己的名义,为受益人的利益或者特定目的,进行管理或者处分的行为。

……

第十一条 有下列情形之一的,信托无效:

(一)信托目的违反法律、行政法规或者损害社会公共利益;

(二)信托财产不能确定;

(三)委托人以非法财产或者本法规定不得设立信托的财产设立信托;

(四)专以诉讼或者讨债为目的设立信托;

(五)受益人或者受益人范围不能确定;

(六)法律、行政法规规定的其他情形。

第十二条　委托人设立信托损害其债权人利益的，债权人有权申请人民法院撤销该信托。

人民法院依照前款规定撤销信托的，不影响善意受益人已经取得的信托利益。

本条第一款规定的申请权，自债权人知道或者应当知道撤销原因之日起一年内不行使的，归于消灭。

……

第十五条　信托财产与委托人未设立信托的其他财产相区别。设立信托后，委托人死亡或者依法解散、被依法撤销、被宣告破产时，委托人是唯一受益人的，信托终止，信托财产作为其遗产或者清算财产；委托人不是唯一受益人的，信托存续，信托财产不作为其遗产或者清算财产；但作为共同受益人的委托人死亡或者依法解散、被依法撤销、被宣告破产时，其信托受益权作为其遗产或者清算财产。

第十六条　信托财产与属于受托人所有的财产（以下简称"固有财产"）相区别，不得归入受托人的固有财产或者成为固有财产的一部分。

受托人死亡或者依法解散、被依法撤销、被宣告破产而终止，信托财产不属于其遗产或者清算财产。

委托人将持有的合法取得的财产，交付给受托人即信托公司管理，并按约定将收益分配给受益人。通常情形下，信托财产是独立于委托人未设立信托的其他财产的，有风险隔离的作用，不再依附于委托人从而面临着一系列诸如未来债务清偿的风险，相对也更为"私密"。信托财产从过去的货币到当下的古董、字画，再到股权、房产、上市公司的股票等，正向着多元化的方向不断迈进。

对于一些民营企业家而言，如果其资金的来源没有合法的纳税证明，比如某些逃避税情形下取得的"所得"，能便利地设立家族信托吗？从潜在的法律责任上来看，若认定为偷税（终身追责），再加上滞纳金、罚款，很可能是一个"隐性炸弹"。没有合法纳税证明的"所得"，想要置入家族信托中，一是面临着信托公司审核的程序，二是不能完全排除未来被追缴税款的风险。有的老板提出来："我所认识的老板朋友当中，有偷逃税行为的何止一个，也没看到出什么事啊！"笔者认为，此一时彼一时，别人不出事，不代表自己不出事，不能把宝押在"别人"身上，毕竟别人也不是执法机构。

所以笔者建议，长远来看，无论如何，老板所挣的钱，至少要有一部分是可传承、可说得清楚的，要有完整的、合法的纳税过程，此时再通过一些金融工具等工具的投资或信托安排，做好自身风险的防范，这类方法还是值得老板们采纳的。

4.6 本章小结

经营一家或数家企业的老板拓展业务时，需要跟不同的人交往，有供应商、客户，还有合伙投资人、引入的战略投资者，以及企业的高管、员工、劳务人员等，这些复杂的关系中就涉及权利与义务、利益与风险等。在利益转移与价值交换的过程中，什么时候发生应税行为、什么时候不发生应税行为，有很多的影响因素与组合条件，在老板的决策当中，同时满足于己于人都有利的选择，是很少的，当面临利益诱惑时，道德底线、法律底线如何把握，就需要老板的主观认识与付诸行为来决定，而且这种认识也是随着老板的认识与不断经历，对局势、环境的判断发生变化的。

当下，虽然企业的税务问题越来越重要，老板们也越来越重视，很多中介机构通过各种方式，不厌其烦地向老板们传递税收服务的重要性，希望得到更多的服务机会，但笔者认为，单纯地追求税收利益，降低税务成本，并不是很可取，此时很容易走入极端。其实更多应该从企业家的角度看待税务问题,有一些老板对此不太重视,缴税多少似乎是自己可以拍脑门决定的;而另一些老板就特别谨慎,甚至有时候签订了一个税务服务协议,还要拿着去税务机关找专家给评估一下能不能做!当老板面临行政责任甚至是刑事责任的时候,就不是税金金额的多少、税负轻重的问题了。这种主体认知的差异性,所处环境的差异性,可能导致对同一个事项或问题的处理方式不同。试想:"对于绝大多数因税、因发票而承担法律责任,特别是被追究刑事责任的老板来讲,如果再有一次选择的机会,想必会作出与过去不同的选择吧!"因为习惯、大意、不懂专业知识,又或因利益的诱惑与存在侥幸的心理,很多时候涉税、涉票风险的起源,是盲目与自负情形下发生的。

【例4-5】某公司老板以公司的房产作抵押,贷款2 000万元用于个人理财投资,约定需向公司支付年息5%(公司支付利息率为3%)。2022年7月,某地税务局稽查局发现了此问题,认为此笔贷款属于个人股东借款,超过一年期需视为股息红利计缴20%个人所得税。遇到这样的问题,该如何应对呢?

分析:在上面的内容中,我们已提到,个人股东借公司的款项超过一年期未归还的,视为个人取得的股息红利计算个人所得税。这样的"反避税"规定,税收政策上是支持的[①]。但这个案例描述的情形却不同,约定股东需要支付资金使用的对价,当然了,这个待遇可能是别人很难取得的,股东因其特殊地位可以借到。笔者认为,虽然都叫"借款",但本案例中是有偿使用资金,不是无偿性的借款行为,直接套用财税〔2003〕158号文件是不恰当的。

经常有老板提问:"某些筹划业务做完之后,将相应的主体注销了,是不是就没有责任了呢?"常理之下,好像是这么回事,企业消失跟自然人去世相似,是不是就追究不了责任了?其实未必,这里要考虑两个方面的问题:

第一,若只是完成了税务注销,并没有在市场监督管理部门完成工商注销,此时税务机关可以名正言顺地对税务注销行为进行"恢复"。但是若已在市场监督管理部门进行了注销,税务机关仅对其进行税务登记恢复的理由就不那么充分了,因为主体已消失了,即使恢复成功了,其内部的恢复程序也并不一定符合既定的有效程序,此恢复为"空中楼阁"。

[①] 《财政部 国家税务总局关于规范个人投资者个人所得税征收管理的通知》(财税〔2003〕158号)规定:

二、关于个人投资者从其投资的企业(个人独资企业、合伙企业除外)借款长期不还的处理问题。

纳税年度内个人投资者从其投资企业(个人独资企业、合伙企业除外)借款,在该纳税年度终了后既不归还,又未用于企业生产经营的,其未归还的借款可视为企业对个人投资者的红利分配,依照"利息、股息、红利所得"项目计征个人所得税。

第二，在无法追究被注销主体的法律责任时，在某些情形下追究投资人的法律责任是可取的，比如在涉及偷逃税款、虚开发票的情形下，投资人在注销过程中有没有采取欺骗的手段，是不是实施的责任相关人？这里是有可以挖掘追查的空间的，有的案例也是这样处理的，比如向股东追缴税款，责任人因虚开发票承担刑事责任并非因企业注销而消失。

还有人说："我能不能采取隐身术，不当显名的法定代表人、股东，只当背后的实际控制人，这样是不是轻易查不到我，会更安全？"现实当中，这种情形真的比较多见，一定程度上有信息隔离的作用。在某些特定情形下，是可以规避责任承担的，但是若涉及偷逃税款、虚开发票等法律责任时，对于实控人的法律责任追究还是到位的，虽然不排除因为利益关联，显名人员自己来担责的可能，但在公安机关进行侦查处理的时候，是经不起推敲的，实控人很可能被"挑出来"。

纠结于利益的得失，比如"公转私"中的涉税成本，似乎是所有老板的痛点。无论是通过奖励的方式取得薪酬或分配利润，还是以发票套取、转移利润套取、向境外转移等方式，都往往面临着复杂的法律风险。老板在将行为付诸实施的时候，如何把握风险边界，给自己留下可退之路才是需要着重考虑的事。

5

面临法律责任之避险棋、防中招

笔者认为,每个创业的老板,都是相当聪明之人,凡事有自己的思路和决策方式,在很多时候,是让人赞许的。但是涉及税收法律责任方面的问题时,就不能以人之常情、惯常思维来行事,专业的事需要专业的人来做,而且笔者建议要在专业的人中再选择更专业的人来做。有的老板说:"我爱学习,买了很多专家的书,参加专家的培训,考律师、注册会计师资格,参加MBA的课程深入学习,自己就能解决自己的税务问题!"这还真不一定行,一是一个人的精力、时间是有限的,接触的内容再多也会存在遗漏、片面性;二是事项了解了,广度有了,但深度却可能有欠缺,这需要实践的积累、信息的掌握、沟通的渠道等,需要综合性的整合与加工能力。即使在税收方面达到熟读百书、学富五车的水平，没有行业的充分了解与实践，没有其他法律法规的融合与应用，在某些重大事项中，就极可能留下纰漏。当然，通过对知识的了解增多，对事情的阅历增多，对信息越来越关注，个人对风险的感知敏锐度一定是不一样的。笔者认为，这里可能有一个发展过程，即从起初的敬畏之心，到后面的防范之策，再到后面的技术规划，借助专业的力量，相向而行，较好地识别法律风险，防范法律风险，从而有效掌控局面。

【例5-1】张三设立了一家从事建筑安装工程的公司，企业经营得还不错，在2022年登记转为了一般纳税人。2022年9月，张三为了结算货款向客户开具了200万元的发票，按税率9%计算销项税额，由于没有收到款项，张三感觉当月计缴增值税有点亏，于是找到一家"可开具"专用发票的公司，给了5%的手续费，取得了180万元的税率为9%的工程专用发票。张三感觉这不就是一张发票嘛，将来即使税务机关检查，补税不就是了。忽然有一日，张三被公安机关找到并带走羁押，经了解才知道，是"卖发票"的那家公司因虚开发票出事了，结果张三被"牵连"。

若是你遇到这样的事，会不会也可能"大意失荆州"呢？

5.1 选择服务"擦亮眼",避免引火烧身

不知大家有没有印象,2021年之前,互联网上的税收筹划广告可以说是铺天盖地,服务提供者众多,以解决高税负为驱动目标的创业公司、互联网平台公司,多雄心勃勃地憧憬着资本的参与及未来的腾飞。其中,参与人员的背景较为复杂,部分利益追逐者甚至视基本税收刚性与严肃性为"无物",一时个税代征与核定、代开发票业务、灵活用工平台、限售减持财政返还等涉税筹划业务风头越来越劲,税收"生意"一时达到了顶峰。

2021年3月,中共中央办公厅、国务院办公厅印发了《关于进一步深化税收征管改革的意见》,其中涉及发票、征管的意见及表明鲜明态度,从而开启了一个新的时代,比如:

> 探索区块链技术在社会保险费征收、房地产交易和不动产登记等方面的应用,并持续拓展在促进涉税涉费信息共享等领域的应用。不断完善税收大数据云平台,加强数据资源开发利用,持续推进与国家及有关部门信息系统互联互通。2025年建成税务部门与相关部门常态化、制度化数据共享协调机制,依法保障涉税涉费必要信息获取;健全涉税涉费信息对外提供机制,打造规

模大、类型多、价值高、颗粒度细的税收大数据,高效发挥数据要素驱动作用。完善税收大数据安全治理体系和管理制度,加强安全态势感知平台建设,常态化开展数据安全风险评估和检查,健全监测预警和应急处置机制,确保数据全生命周期安全。加强智能化税收大数据分析,不断强化税收大数据在经济运行研判和社会管理等领域的深层次应用。

对逃避税问题多发的行业、地区和人群,根据税收风险适当提高"双随机、一公开"抽查比例。对隐瞒收入、虚列成本、转移利润以及利用"税收洼地""阴阳合同"和关联交易等逃避税行为,加强预防性制度建设,加大依法防控和监督检查力度。

积极发挥行业协会和社会中介组织作用,支持第三方按市场化原则为纳税人提供个性化服务,加强对涉税中介组织的执业监管和行业监管。大力开展税费法律法规的普及宣传,持续深化青少年税收法治教育,发挥税法宣传教育的预防和引导作用,在全社会营造诚信纳税的浓厚氛围。

现在大家发现,很多当初提出来的问题,在一步一步落实了。比如对于影视演员、网红直播行业及高净值人士的偷逃税行为的检查补税及追责等处理,加之以案促治的样本效应,无不显示出来改革力度之强、范围之

大,重拳之下,效果立竿见影,在纳税人(包括老板个人)、中介服务机构与税务机关层面均引起极大的关注,自我风险防范意识不断提高。不过,在追求利益过程中,依然会有冒风险者,他们或抱有侥幸心理,或认为自己的手段高明,也有的纯是"捞一把就跑"的心理。我们不得不郑重地劝告,切勿轻易去触碰法律的"红线"与"底线",行为是会留下痕迹的,也会留下记录,偷税、虚开一时爽,但天网恢恢,疏而不漏。用专业思维行恰当之事方为上策。

大家可能也有了解,税务总局曝光的网红、演员补税案件中,纳税人积极配合补缴税款、滞纳金与罚款,没有以逃税罪追究其违法责任,这是《中华人民共和国刑法》中逃税罪条款中的"阻却事由",以钱救赎自己,给了纳税人挽救自己的机会。虽然这样的机会是有条件的,但是至少有"亡羊补牢"的机会。而虚开发票,就没有这样幸运的事由了,从风险级次来看,"红线"与"底线"首先是远离虚开发票,极端来看,"动什么也不能动票"。《中华人民共和国刑法》中对于虚开发票行为有独立的追究违法人员刑事责任的规定,它可以不经税务机关处理,由公安机关直接进行立案侦查,乃至检察院提起诉讼、法院进行审判处理。同时,视司法机关的认定与处理结果,税务机关还将进一步追缴偷逃的税款、加征滞纳金,视情况给予行政罚款处理。

【例5-2】对于部分老板来讲,日常遇过一些不当手段"套现"规避企业所得税与个人所得税的情形比较多,比如"买票"报销、利用第三方平台虚构人力服务间接套现等。张三是某企业的股东,为了套现使用,于是接触到一位朋友介绍的某用工服务公司,通过虚构业务开具劳务派遣类型的差额普通发票,付款后再由对方公司转账给个人产生资金回流,该行为成了判定虚开的支持性证据。

表5-1是关于虚开普通发票行为中适用追责的事项。

表5-1　　　　　　虚开发票行为中适用追责的事项

可能涉及的责任	责任描述	备注
虚开发票	《中华人民共和国刑法》中单列一项: 第二百零五条之一　虚开本法第二百零五条规定以外的其他发票,情节严重的,处二年以下有期徒刑、拘役或者管制,并处罚金;情节特别严重的,处二年以上七年以下有期徒刑,并处罚金。 《关于印发〈最高人民检察院 公安部关于公安机关管辖的刑事案件立案追诉标准的规定(二)〉的通知》规定: 第五十七条〔虚开发票案(刑法第二百零五条之一)〕虚开刑法第二百零五条规定以外的其他发票,涉嫌下列情形之一的,应予立案追诉: (一)虚开发票金额累计在五十万元以上的; (二)虚开发票一百份以上且票面金额在三十万元以上的; (三)五年内因虚开发票受过刑事处罚或者二次以上行政处罚,又虚开发票,数额达到第一、第二项标准百分之六十以上的	相较于虚开增值税专用发票罪,当前的司法实践已普遍考虑其相关的税收危害结果的因素,而虚开发票罪却没有此方面的过多考虑,也没有理论界成熟的"共识"支持"结果犯"

续表

可能涉及的责任	责任描述	备注
偷逃税款	若涉及企业或股东个人偷逃税款的情形,需要根据受票主体计算追补企业所得税及个人所得税,虚开普通发票多属于虚计成本费用,属于行政法上的偷税,若达到《中华人民共和国刑法》规定的罪刑标准,还要追究其刑事责任。 《中华人民共和国刑法》规定: 第二百零一条 【逃税罪】纳税人采取欺骗、隐瞒手段进行虚假纳税申报或者不申报,逃避缴纳税款数额较大并且占应纳税额百分之十以上的,处三年以下有期徒刑或者拘役,并处罚金;数额巨大并且占应纳税额百分之三十以上的,处三年以上七年以下有期徒刑,并处罚金。 扣缴义务人采取前款所列手段,不缴或者少缴已扣、已收税款,数额较大的,依照前款的规定处罚。 对多次实施前两款行为,未经处理的,按照累计数额计算。 有第一款行为,经税务机关依法下达追缴通知后,补缴应纳税款,缴纳滞纳金,已受行政处罚的,不予追究刑事责任;但是,五年内因逃避缴纳税款受过刑事处罚或者被税务机关给予二次以上行政处罚的除外	行政法上对于偷税的追缴期是无限的,同时加征滞纳金,而处以行政罚款的适用期限是五年
行政罚款	因违反《中华人民共和国发票管理办法》的规定给予行政处罚①。其规定: 第三十七条 违反本办法的规定虚开发票的,由税务机关没收违法所得;虚开金额在1万元以下的,可以并处5万元以下的罚款;虚开金额超过1万元的,并处5万元以上50万元以下的罚款;构成犯罪的,依法追究刑事责任。 非法代开发票的,依照前款规定处罚	需要结合上述的行政处理来考虑处理

---

① 依据《国务院关于修改和废止部分行政法规的规定》(国务院令第764号)规定,发票管理办法进行了部分修改。

续表

可能涉及的责任	责任描述	备注
行政罚款	《中华人民共和国行政处罚法》规定：第二十九条 对当事人的同一个违法行为，不得给予两次以上罚款的行政处罚。同一个违法行为违反多个法律规范应当给予罚款处罚的，按照罚款数额高的规定处罚	需要结合上述的行政处理来考虑处理

有人可能会提出："虚开发票用于偷逃税款，本来就是逃避纳税款的一件事，个人情愿补缴税款，达到《中华人民共和国刑法》中有关逃税罪条款中的阻却事由的适用情形，是不是就自然免除了涉嫌虚开发票之罪呢？"这可不一定，确实，在一些涉及发票的案件中，企业补缴了相应的税款，就没有再进行延伸性的处理，没有被追究刑事责任，这种情况有可能是企业在解释的时候将发票定义为"善意""不知情"取得，或者解释为是某某员工个人所为，企业不知情等；也有的是因为涉及税额较少，达不到刑事追责的标准；又或者检察机关也考虑到了相应的行政成本及司法处理的成本。但这些并不是"法定结果"，可以认为有一定的侥幸因素存在。比如下面这则摘自中国裁判文书网的判决书，就是一个有代表性的案例：

林某、张某虚开发票罪二审刑事裁定书

重庆市第五中级人民法院

刑事裁定书

（2013）渝五中法刑终字第438号

原公诉机关重庆市大渡口区人民检察院。

上诉人（原审被告人）林某，男，2012年6月20日因涉嫌犯出售非法制造的发票罪被刑事拘留，同年7月26日被监视居住，2013年1月26日被取保候审，同年3月20日被逮捕。现羁押于重庆市大渡口区看守所。

辩护人赵奎，重庆昂正律师事务所律师。

上诉人（原审被告人）张某，女，2012年7月17日因涉嫌犯虚开发票罪被取保候审。

辩护人廖宏渊，重庆清徽律师事务所律师。

重庆市大渡口区人民法院审理重庆市大渡口区人民检察院指控原审被告人林某、张某犯虚开发票罪一案，于2013年10月11日作出（2013）渡法刑初字第112号刑事判决。原审被告人林某、张某不服，提出上诉。本院受理后，依法组成合议庭，于2013年12月5日公开开庭对本案进行了审理。重庆市人民检察院第五分院指派代

理检察员陈虎出庭履行职务，上诉人林某及其辩护人赵奎、上诉人张某及其辩护人廖宏渊到庭参加诉讼。本案现已审理终结。

原审判决认定：2011年12月起，被告人林某向路人发放印有"代开重庆市各种正规发票"等字样的卡片，并联系代开发票的业务。被告人张某系大渡口区欣涛建材经营部（个体工商户）负责人，该经营部主要经营河沙、石子等业务。2011年12月至2012年6月，大渡口区欣涛建材经营部为中冶建工集团有限公司混凝土工程分公司供应沙石材料。为逃避税款，被告人张某通过林某分发的卡片与其取得联系，要求林某为其虚开发票，并商定按照发票总金额的0.3%收取费用。之后，被告人林某按照张某提供的购货单位、货物名称、单价和数量6次为其开具销货单位为"重庆市通源建材有限公司"的增值税普通发票32张，票面价税金额750余万元，被告人张某将该32张发票提供给中冶建工集团有限公司混凝土工程分公司结算货款。

2013年6月19日，重庆市大渡口区国税局向大渡口区经侦支队提供线索称：大渡口区欣涛建材经营部老板张某有虚开发票的嫌疑。后民警通知张某到重庆市大渡口区经侦支队接受调查。张某来到大渡口区经侦支队主动交代了自己多次向一男子购买发票的犯罪事实，并愿意配合公安机关查清事实。当日上午10时许，张某向被告人林某发送了要求开具发票的短信，12时许，被告人林某在高新区石桥铺佰腾数码城对面公路边，将按照张某要求开具的5张增值税普通发票交给张某，票号分别为01679101、01679102、01679103、01679104、01679105，票面价税金额合计1 244 659.76元，同时林某向张某收取上个月出售发票的部分费用2 500元。交易完毕后，被告人林某即被公安人员捉获，公安人员查获发票5张及现金2 500元并予以扣押。

经查，大渡口区欣涛建材经营部和中冶建工集团有限公司混凝土工程分公司与重庆市通源建材有限公司之间均无任何业务往来。被告人林某与张某交易的37张增值税普通发票的票号属于重庆市通源建材有限公司从重庆市高新技术产业开发区国家税务局领购的发票的票号，但该37份增值税普通发票均不是该税务局发售。被告人张某将2013年6月19日前要求林某虚开的32张发票提供给中冶建工集团有限公司混凝土工程分公司结算货款，偷逃税款220 702.43元。案发后，被告人张某在税务机关依法下达追缴通知前补缴了应纳税款，缴纳了滞纳金，税务机关对其免予行政处罚。

认定上述事实的证据由公诉机关提供，并经一审法院庭审质证的张某提供给中冶建工集团有限公司的发票的发票联;林某向张某出售的发票;重庆通源建材有限公司开具的发票记账联及开具给其他公司的发票联;辨认笔录;搜查笔录及照片;重庆市扣押物品、文件清单;重庆市高新区国家税务局关于37张增值税普通发票情况的说明;重庆市大渡口区国家税务局稽查局税务处理决定书、中华人民共和国完税凭证及情况说明;重庆市大渡口区公安分局证明材料;抓获经过;常住人口登记表;证人舒某某、周某某等人的证言;同步录音录像;被告人林某、张某的供述等证据。

原审判决认为,被告人张某为了偷逃税款,要求被告人林某为其虚开票面金额750余万元的发票,被告人林某在没有销售商品或者没有提供服务的情况下,为张某虚开票面金额880余万元的发票,其行为均已构成虚开发票罪,且均属情节特别严重。林某到案后如实供述自己的主要罪行,依法予以从轻处罚。张某接到公安机关的口头通知后,主动到公安机关接受调查并如实供述自己的全部犯罪事实,系自首,积极协助公安机关抓获被告人林某,系立功,依法予以减轻处罚。鉴于被告人张某及时补缴税款和滞纳金,确有悔罪表现,没有再犯罪的危险,适用缓刑对所居住的社区没有重大不良影响,酌情予以从轻处罚并适用缓刑。2012年6月19日前被告人林某为张某虚开发票的违法所得人民币16 900元应予以追缴,2012年6月19日被告人林某被公安机关扣押的人民币2 500元系张某为配合公安机关抓获林某而垫付的资金，应发还被告人张某。依照《中华人民共和国刑法》第二百零五条之一第一款、第五十二条、第五十三条、第六十七条第一款、第三款、第六十八条、第六十三条第一款、第七十二条第一款、第三款、第七十三条第二款、第三款、第六十四条、《最高人民法院关于处理自首和立功具体应用法律若干问题的解释》第一条、第三条、第五条之规定，判决：一、被告人林某犯虚开发票罪，判处有期徒刑二年，并处罚金50 000元；二、被告人张某犯虚开发票罪，判处有期徒刑一年，缓刑二年，并处罚金30 000元；三、继续追缴被告人林某的违法所得16 900元，扣押在案的2 500元发还被告人张某。

上诉人林某及其辩护人提出，一审法院定性不准，林某的行为应当以出售非法制造的发票定罪处罚，且林某系从犯，请求二审法院减轻处罚。

上诉人张某及其辩护人提出，一审法院定性错误，适用法律不当，请求二审法院宣告张某无罪。

重庆市人民检察院第五分院提出，一审法院认定的事实清楚，证据确实充分，适用法律正确，量刑适当，审判程序合法，上诉人林某、张某的上诉理由不能成立，建议驳回上诉，维持原判。

经二审审理查明的事实和证据与一审相同。且二上诉人及其辩护人在二审中没有提供新的证据,本院对一审判决认定的事实和证据予以确认。

本院认为,上诉人张某在没有销售商品或者没有提供服务的情况下,要求上诉人林某为其虚开发票,其中张某要求他人为自己虚开发票金额750余万元,林某为他人虚开发票金额880余万元,二上诉人的行为均构成虚开发票罪,且情节特别严重,依法应予惩处。林某归案后如实供述了自己的犯罪事实,系坦白认罪,依法对其从轻处罚。张某接到公安机关的口头通知后,主动到公安机关接受调查并如实供述自己的全部犯罪事实,系自首,且积极协助公安机关抓获同案人,具有立功表现,依法对其减轻处罚。根据张某的犯罪事实、情节,以及及时补缴税款和滞纳金的悔罪表现,且没有再犯罪的危险,适用缓刑对所居住的社区也没有重大不良影响,依法对张某宣告缓刑。对于上诉人林某及其辩护人提出,一审法院定性不准,林某的行为应当以出售非法制造的发票定罪处罚,且林某系从犯,请求二审法院减轻处罚的辩解、辩护意见,经查,张某通过林某分发的"代开发票"的卡片,要求林某为其虚开发票,并商定按照发票总金额的0.3%收取费用。林某遂按照张某提供的购货单位、货物名称、单价和数量为张某开具了增值税普通发票37张,票面价税金额880余万元,由此可见,林某主观上系明知没有真实交易而为他人虚开发票,客观上也实施了为他人虚开发票的行为,其行为符合虚开发票罪的构成要件。虚开发票罪与出售非法制造的发票罪的主要区别不在于发票是否是真实的,而在于行为人是否实施了为他人虚开发票的行为。对于林某是否系从犯的意见,经查,从本案的证据来看,并没有证实林某与他人系共同犯罪,更没有充分的证据证实林某系从犯的事实,故林某及其辩护人的上述意见不能成立,不予采纳。对于上诉人张某及其辩护人提出,张某因逃税而让他人虚开发票,其行为属逃税罪与虚开发票罪的牵连犯罪,应当择一重罪,即逃税罪处罚,但张某在法定期限内补缴了应纳税款,缴纳了滞纳金,被行政机关免予行政处罚,按照相关法律规定对其逃税罪不予追究,且虚开发票罪的发票应是真实的发票,故一审法院认定张某犯虚开发票罪定性错误,适用法律不当,请求二审法院宣告张某无罪的辩解、辩护意见,审理认为,张某采取虚开发票的手段偷逃税款,其行为触犯了虚开发票罪和逃税罪,二罪属于牵连犯罪,依法应择一重罪处罚,即按逃税罪处罚。但不处罚轻罪并非否定了轻罪的犯罪性质和刑法处罚性。由于张某在法定期限内补缴了应纳税款和滞纳金后被免于行政处罚,按照相关法律规定不予追究其逃税罪的刑事责任,因而本案对张某的行为构成逃税罪和虚开发票罪的牵连犯罪附条件不处罚轻罪的条件已不成立,一审法院以虚开发票罪追究张某的刑事责任,定性准确,适用法律正确,故张某及其辩护人的上述意见不能成立,不予采纳。

综上,一审判决认定事实清楚,证据确实充分,适用法律正确,量刑适当,审判程序合法。出庭履行职务的检察员建议驳回上诉,维持原判的意见正确,予以支持。依照《中华人民共和国刑事诉讼法》第二百二十五条第(一)项之规定,裁定如下:

驳回上诉,维持原判。

本裁定为终审裁定。

审 判 长　刘健红

审 判 员　兰建恒

代理审判员　张应洪

二〇一三年十二月十二日

书 记 员　闫帅锋

另外,在现实当中,涉及专用发票的案件,与虚开非专用发票的适用情形存在条款适用的差异。上面我们提到,虚开增值税专用发票罪的判定上,已从过去那种简单的行为犯认识,开始向结果犯方面转变认识,但是对于涉嫌虚开增值税普通发票犯罪的判决，还没有形成以结果犯来判定的共识。这则摘自12309网站的不起诉决定书，就是一个比较有代表性的案例，鉴于其"未造成增值税的实际损失"，认为其不构成犯罪。

攸县人民检察院不起诉决定书

攸检一部刑不诉〔2021〕10号

被不起诉人王某某，性别：×，1980年××月××日出生，居民身份证号码：3411811980××××××××，××族，××文化，长沙市××通信器材经营部法定代表人、长沙市芙蓉区展通通信设备经营部实际控制人，安徽省天长市人，住安徽省天长市××街道××村××队××号。因涉嫌虚开增值税专用发票罪，于2019年11月8日被攸县公安局取保候审，于2020年11月5日被本院决定取保候审。

本案由攸县公安局侦查终结，以被不起诉人王某某涉嫌虚开增值税专用发票罪，于2020年11月4日向本院移送审查起诉。本院于2020年12月3日、2021年1月29日两次退回侦查机关补充侦查，侦查机关于2020年12月31日、2021年2月25日补查重报，本院于2021年3月25日延长审查起诉期限15日。

公安机关移送审查起诉意见书认定的事实：

攸县××××网络有限责任公司股东刘某某、陈某某、池某某为套取公司资金用于股东分红,2015年10月至2016年3月,刘某某、陈某某、池某某三人共同商议,由陈某某联系经办,向××××网络技术有限责任公司主要供应商王某某经营的长沙市××通信器材经营部、长沙市芙蓉区展通通信设备经营部"走账",双方在没有真实货物交易的情况下,王某某操作长沙市××通信器材经营部、长沙市芙蓉区展通通信设备经营部向攸县××××网络有限责任公司虚开四张增值税专用发票,金额合计2 175 990.28元,税额65 279.72元,价税合计2 241 270.00元。上述四张增值税专用发票已被攸县××××网络有限责任公司成功认证抵扣,抵扣税款65 279.72元。

经本院依法审查查明:

2007年1月12日,刘某某(另案处理)、池某某、陈某某(另案处理)共同成立攸县××××网络有限责任公司,刘某某担任法定代表人、董事长,池某某担任董事、总经理,陈某某担任副总经理。公司经营范围为广播电视传输基本业务、扩展业务、增值业务和其他相关业务,该公司主要业务为广播电视传输基本业务,税务部门认定免征增值税。

2015年10月至2016年3月,经刘某某、陈某某、池某某共同商议由陈某某经办，在没有真实货物交易的情况下，攸县××××网络有限责任公司向供应商王某某经营的长沙市××通信器材经营部、长沙市芙蓉区展通通信设备经营部"走账"464万元，王某某将上述资金全部转入陈某某个人账户，再由陈某某取现用于刘某某、池某某、陈某某三位股东分红。其中，应陈某某等人要求，王某某利用自己经营的长沙市××通信器材经营部、长沙市芙蓉区展通通信设备经营部向攸县××××网络有限责任公司虚开了4张增值税专用发票，金额合计2 175 990.28元，税额65 279.72元，税价合计2 241 270元。王某某共向长沙市税务部门缴纳增值税、企业所得税、教育附加税、城建附加税等共计77 846.4元，陈某某共支付了5万元开票费用给王某某。该4张增值税专用发票均已由攸县××××网络有限责任公司抵扣认证，抵扣金额65 279.72元。

2019年11月8日，王某某向攸县公安局投案，如实供述了虚开增值税专用发票的事实。

认定上述事实的证据如下：1.王某某户籍证明、攸县××××网络有限责任公司营业执照、内资企业登记表、个体工商户登记基本信息、攸县××××网络有限责任公司董事会记录、攸县××××网络有限责任公司财务审计报告、增值税专用发票、认证结果清单、攸县税务局证明等书证；2.证人吴某某、池某某的证言；3.被不起诉人王某某的供述与辩解；4.同案人刘某某、陈某某的供述与辩解。

本院认为，王某某应攸县××××网络有限责任公司股东要求，在没有真实货物交易的情况下，为攸县××××网络有限责任公司虚开增值税专用发票，其目的是为了攸县××××网络有限责任公司股东逃避缴纳所得税，而非逃避缴纳增值税，且未造成增值税的实际损失，根据最高人民法院《关于湖北汽车商场虚开增值税专用发票一案的批复》"被告单位和被告人虽然实施了虚开增值税专用发票的行为，但主观上不具有偷骗税款的目的，客观上亦未实际造成国家税收损失，其行为不符合刑法规定的虚开增值税专用发票罪的犯罪构成，不构成犯罪"。王某某的上述行为，情节显著轻微、危害不大，不构成犯罪。依照《中华人民共和国刑事诉讼法》第十六条第（一）项和第一百七十七条第一款的规定，决定对王某某不起诉。

攸县人民检察院

2021年3月30日

案例中个人股东作为犯罪嫌疑人逃过一劫，为逃避缴纳个人所得税，并不因不追究虚开增值税专用性发票罪而免除责任，仍需按照税收征管法的规定补缴税款、滞纳金及可能存在的行政罚款，因为其采取了主观故意的手段进行偷逃税款，依法是无限期追缴的，并且视是否触发逃税罪的判定条件而可能面临刑事风险。

个别老板惯于"购买发票"，认为跟做生意一样，无非就是需要付出点手续费。但是在整个"交易链条"中，因为其危害了国家税收利益，破坏了税收征管秩序，若干年之后追究相应的法律责任、追缴应缴的税费的案例已是屡见不鲜。无论是老板自己决定"冒险"，还是因为看到某些"小广告"，认识某些忽悠型的筹划机构，在缺乏理智的认知与判断的情形下，稀里糊涂地"入了局"，纵然是无辜者，亦需要为自己的违法行为买单。有的情形之下，涉及虚开增值税专用发票、虚开普通发票行为的，一旦出现问题，触犯《中华人民共和国刑法》追责条款，往往是没有"回头路"的。即使暂时没有出现问题，那也像坐在待爆发的火山口，时刻害怕被吞噬的感觉恐怕也不会好吧。笔者认为，困难可以用付出、用热情去解决，但是如果连这样的机会都没有了，那只能一生悲哀了！曾有人咨询："我认为自己之前取得的某张发票有问题，是不是先将进项转出，在企业所得税前也不调整，这样是不是更好呢？"其实给自己保留一个安全的空间，是很重要的。

5.2 利用关联交易"转移利润",相关责任定性有区别

【例5-3】张三投资了数家公司,其中有投资型的A公司,有从事具体业务的B公司等,业务分工不同,所处区域也不同。2021年度A投资公司经营亏损,经纳税调整后有约3 000万元的所得税亏损额,从事具体业务的B公司实现盈利所得3 200万元。于是张三通知财务从A公司开具3 000万元的发票给B公司,这样整体算下来,整体只就200万元缴纳企业所得税,享受小型微利企业的所得税优惠政策,完美地实现了节税的效果。张三心里得意:"这也不用请专家支付专家费用啊,自己就能做税务筹划了,看看,效果还不错吧!"

这个操作看似很成功,似乎与税务机关之间也相安无事。忽有一天,B公司所在地主管税务机关的人员联系公司,要求就3 000万元的服务费用进行解释。一了解,原来是因为B公司取得的进项过多形成留抵退税,恰逢国家对一些行业与小微企业实施大范围的留抵退税财政支持政策,B公司有留抵税额且符合退税条件,一下子退了近百万元。由于退税额较大,于是稽查机关跟进进行了风险评估,认为其账目存在大额的进项疑点,于是要求B公司对业务的内

容、合同、付款等情形进行说明。"提供了什么服务值3 000万元呢？"张三心里不淡定了！这个案例最终的处理结果大家可想而知。

一直以来，税务总局未大范围地鼓励或推动基层税务机关对境内关联方交易进行反避税工作，特别是基于交易双方或多方的税负一致的情形之下，站在全国层面来看仅仅能够达到地区间利益调整的结果，而调整所需要的行政成本、动用的行政成本以及地区间税务机关的协调问题，整体来看与有效的税收增量是不匹配的，不如将有限的反避税力量聚焦于跨境向境外转移利润的避税行为，对其进行反避税管理。但是，我们发现各地区反避税的力度是有差异的，在某些吸引外资较多的地区，当年的财政状况不错，经济形势一片大好，反避税的行动力度是非常明显的。疫情之下，随着全球化的产业调整，一些加工型的外资企业转移产业布局，从服务招商的大方向来看，这些地区的反避税工作也进入了一个相对缓和的状态。这说明了什么呢？税收不是就税论税，它除了具有为国聚财的功能之外，也是经济的调节器，营商环境中的税收因素，可谓重中之重，它可能带来很强的激励作用，也可能带来很多的消极影响。

回过头来看上面的案例，如果是虚构的交易，人为地在关联方之间转移利润以达到少缴税款的目的,此时,再以所谓的"税负一致"等理由提出不需要调整的解释,是行不通的。因为这个所谓的关联交易就是一层纸糊的"窗户纸",其背后是偷逃税款的安排。我们不排除有的关联方企业之间有一些"隐性"的服务存在,但一直处于"无偿"的状态,则存在一定疑点。一般来看,这类情形琐碎且难计量,有理论上的涉税调整风险,不过从"重要性"的角度来看,管与不管均有道理。我们注意到,税务系统对于上述案例中这类转移利润的筹划风险点已开始关注,随着"金税四期"的全面上线及其延伸功能与范围的持续强化与完善,企业和被锁定"高收入、高净值"的个人将成为税收管理与监控的重点对象,它不再简单地依附于某主管税务机关及其负责人员的"检查、发现及再处理"的流程,而是有针对性地识别风险、发现风险与梳理风险、推送风险,同一问题量化管理,举一反三,相关问题的"真实面貌"将被揭穿,在这种系统化相互牵制的征管与稽查流程中,处理的结果就会更"公允、严谨"。

【例5-4】张三开了一家医疗服务类的企业,由于行业特性,企业的推广费用、佣金费用支出比较多,却又难以取得相应支出的发票。在此情形下,张三起初通过用工平台来处理这些费用。后来随着税务机关对用工平台的风险管理越来越重视，张三又让会计联系某地的招商部门成立了十余家个体工商户、个人独资企业等，让其向业务公司开具发票、支付资金，这样通过核定方式计缴完个税，再通过个人向相关个人支付上述费用。

这种用"曲线方式"解决佣金问题是不是很多人都很熟悉？或者说应用比较普遍，不过，在陆续出现的一些税务检查、风险评估的税收案例中，某些"筹划"手段正在突破形式向业务纵深发展，一些风险指标正越来越密集地"发力"。我们发现，一些拟IPO上市的公司，在其所披露的公开信息中，屡有自我暴露通过核定主体"倒出现金"，用以对外支付费用、向员工发放薪酬的事项，但没有披露这种做法是谁决策的、谁受益了、出了问题谁承担责任。在已披露的案例中，我们关注到，往往是企业自我调整处理，这些企业为了上市是"豁出去"了，自揭"家丑"，而且还要表现得有点委屈的样子，最后来个自愿补税以求原谅。大家可能更多的只是关注了少缴个税的事项，对于通过这些个体工商户开具入账的发票（部分可能涉及专用发票的抵扣），有的解释是这样的：认为其没有减少国家税款的缴纳，没有危害国家税收的征收，潜在意思是没有触及虚开发票的刑事风险。从自愿补税的角度来看，涉事企业主观上有改错的表现,"放一马"倒也是可以理解的。

这类"过桥方式"大规模的安排很可能会在未来的某一天出现问题,这应该不会让人惊讶。一是这类承担过桥功能的"空壳"机构,局外人很容易从某些细节看出其设立目的,比如注册地是虚拟地址,没有向人员发放薪酬支出;二是现在对于"双高人士"的税务风险扫描,甚至是"单户式"的跟踪监控,会越来越精准、频率越来越高。

有人可能提出这样的质疑:"你们总说这个有风险,那个有问题,有没有没有问题的?"这还真是一个好问题,办法肯定是有的,一是需要国家的政策适配,二是老板的经营方式和架构合理,但是很难再有像过去那样简单粗暴,税负低到不好意思的核定政策的"红利"了。虽然说企业经营困难,但现在谁都难,无论是员工,还是企业,抑或是国家,是一个有机协同的体系,均应履行力所能及的纳税义务、管理职责。这不仅是税收法定的刚性问题,还包括对自己、对后代、对社会、对国家的一份贡献。尽管这些说法,与追求利润最大化的目的有一些距离,不过,作为大千世界中的一分子,个人也好,企业也好,是很难独立存在的。其实,越来越多的高净值人士、企业家们表现出责任担当、公益之情,在精神追求上达到了更高的层次。

5.3 税务问题不是朋友间的"义气之举"就能解决的

平日里,不知有没有朋友会遇到这样常见的情形:"哥们儿,能不能借身份证用一下,给我们当个股东,也可以当个法定代表人,我不大方便出面!"

【例5-5】某公司员工入职,老板以员工名义设立了一家企业,员工当股东并登记为法定代表人,老板实际运营公司。忽一日,某地公安机关对该名员工进行了跨地抓捕并羁押,家属经多方了解是因涉嫌虚开增值税专用发票罪被立案调查,涉及税额100余万元。后家属为进行"取保",从亲戚朋友处借钱凑了100万元交给该公安机关,办理了取保候审的手续。

虽然员工并不一定知情老板的所作所为,但他是公司的法定代表人,一般情形之下对相关责任的调查、取证会先找到法定代表人,至于是否会找到实际控制人,需要随着调查的进行、相关证据的浮现,实际控制人才会暴露出来,这需要一个过程。即使该员工自己解释也并不能立即得到验证与认可,公安机关需要一个调查的过程。家属因过于担心,在这种不知情的紧急情形下,第一时间往往就会抱着宁肯多"花点钱"、先"救人"的想法。

除了面临这种比较高的风险外,出事以后还有对个人信用方面的限制措施,如乘坐交通工具、出境或企业参与某些业务受到限制。下面是关于有偿外借身份证成为空壳企业法人从而被列入"黑名单"的一则报道。

身份证"借"人开公司谨防面临失信风险

来源:中国信用　发布时间:2021年11月3日

最近,刚毕业的大学生小刘非常烦恼:两年前因为贪小便宜,把身份证有偿借给他人,现在被纳入税收违法"黑名单",多方受限,吃了大亏。

事情要从2019年讲起。当时,小刘从同学处得知,只要将身份证借给别人开办一个公司,就能得到三千元酬金。小刘心动了,提供了自己的身份证件,并协助对方在工商部门办理了法定代表人变更手续,成为某包装公司的挂名"老板"。随后,小刘就再没过问过该公司的事情。

令他没想到的是,不法分子用小刘担任法定代表人的这家包装公司,进行虚开发票的违法犯罪活动。

从2019年9月起,该包装公司在无真实交易的情况下，虚开增值税专用发票219万元，受票企业予以抵扣后，直接导致国家税款损失28万余元。2020年年底，国家税务总局重庆市税务局第一稽查局通过大数据分析和发票流向追踪，锁定了该团伙虚开发票涉案的数百家企业，依法对小刘挂名的某包装公司立案查处。

接到"税务检查通知书"时，小刘才知道自己担任法定代表人的某包装公司，因虚开增值税专用发票被税务、公安立案调查。身为违法企业的法定代表人，小刘在此案结案后，被列入税收违法"黑名单"。

尽管小刘如实讲述了自己协助代办机构办理法定代表人变更手续的全部事实，但他还是要为自己的行为承担责任。今年上半年，作为税收违法"黑名单"失信人，小刘失去了参加公务员考试的机会，并在多个大型企业招聘中被拒。

小刘找到重庆市税务局第一稽查局，称自己虽然是该企业的法人，但对企业一无所知，更与虚开发票行为毫无关系。然而，因使用个人身份信息完成了公司注册、办税等一系列行为，小刘已无法以"不知情"作为免责理由。作为该公司法定代表人，除被列入税收违法"黑名单"公布违法信息外，小刘还将受到限制乘坐飞机、高铁等联合惩戒。

重庆市税务局第一稽查局副局长曾雪萍介绍，类似案件并不少见。不法分子时常通过"空壳"企业来实施虚开发票违法犯罪行为。采取金钱买卖方式骗取他人身份信息充当"空壳"企业的法人代表，便是他们的惯用手法。大学生由于涉世未深，缺乏社会经验，极容易被别有用心之人蒙骗而参与违法活动。

曾雪萍提醒：在校大学生一定要保护好个人身份证件，切勿为蝇头小利外租外借。若被列入税收违法"黑名单"，会在其社会信用上留下记录，影响个人就业、贷款等，最终得不偿失。（来源：人民网）

在日常的人际交往中，或因"利益诱惑"，或出于"哥们义气"，从而替别人"代持"股权、份额的情形还是挺多的，将自己的"身份"托付给别人，这事儿可要谨慎"出手"。有些事情，可以友情支持、帮助，有些事情，牵扯到利益，利益之事免不了存在是非对错、法律责任承担、争议解决的问题。无论对方是有意还是无意，当面临市场风险、经营风险、法律风险时，谁还能顾得过来友情呢？

另外，老板们经常参加一些社交会议、学习某某营之类的活动，彼此之间会传授一些"避税技巧"，不乏有老板传授"避税宝典"，甚至直接接单。"既然别人能干，我也能干！"看到别人的"先进经验"，很多老板第一反应是从前的自己吃亏多缴税了,其次是想着尽快尝试尝试!笔者建议,道听途说得来的"宝典",最好找自己的律师、朋友多了解一下,毕竟处于不同的环境,面对不同的细节,真不一定能直接套用。而且在一些推介大会上,不少主办方邀请一些老顾客当"托",表演一出精彩的"戏"给企业家看。

【例5-6】张三与李四有不错的交情。某日李四找到张三说:"我跟别的公司做了一笔业务,你帮忙开一张发票给对方,扣10%好处费后提现金给我!"张三也没有多想,既然是朋友的事,那就是自己的事,于是就按照李四的需求开具了发票,收了款项,然后提现给了李四。

这里风险就可能出现了,主要包括两部分:一是,对方的业务是不是真实的,有没有涉及不当利益的输送?二是,这明显是虚开发票的行为,轻则面临行政罚款,重则可能涉嫌虚开增值税专用发票或者虚开发票罪,被羁押甚至被判刑,这时候就不单单是钱的问题了,很可能付出自己或家人一辈子的代价。所以此类涉票的事项,千万不要仅仅站在做生意的角度轻视他,需要对此提高警惕。

作为一个"好朋友",同样要知晓这不是朋友帮不帮忙的事，自己也不要去求别人办这样的事，害了自己不说，害了朋友更不应该。至于那些介绍别人"买卖发票"从中挣好处费，拉别人"入伙"倒卖发票、虚开发票骗取退税的行为，更应受到谴责。在诱惑之下，每个人都需要有自己坚定的立场与理性的认知。

5.4 股东与高管之间的涉税涉票责任要厘清

股东与高管，一个是投资者，一个是打工者，利益的基础是不同的，但是往往又要一起共事，还需要有团队精神，有奉献精神。老板多希望打造一个"温暖的家"，其乐融融地把钱挣了，是不是挺好的呢？

比较多的中小型企业，往往股东一个人或一家人就能够打理公司的业务，再雇用几个员工从事一些辅助性的工作就可以了。但是公司规模稍微大了一些后，就可能需要让亲戚朋友来帮忙了，此时的人情关系，夹杂着利益，就会变得复杂起来，一些制度的落实也可能出现打折扣的地方。此时老板也头疼，有的或许想到去外面取取经，学习"大公司"的管理经验及模式，参加高端培训，去一流公司参观访问等，或者看管理大师的书、视频课程等以谋求出路；还有一种方法，就是高薪引入职业经理人，负责运营、市场等事务，甚至以股份为条件，邀请其加入股东行列，以进一步绑定合作关系。总之，对于创业人而言，总是在不确定性的发展过程当中，面临各种各样的风险与挑战。其中少不了创业人付出加倍的努力，也免不了需要会计师、律师等专业人士的协助与保驾护航。

【**例5-7**】某公司老板为了进一步做大做强企业，"挖了"某知名企业的一名高管担任企业的运营总监。该总监入职之后，引入了一种新型的融资性贸易模式，从而可以迅速地做大收入的规模。比如A公司与B公司之间有直接的购销业务，这时总监联系到二者："让我们来充当一个中间的交易主体，从A公司购入货物再销售给B公司，相应的货物仍是由A公司安排直接运输给B公司，毛利润为万分之五。跟我们合作有什么好处呢？我们先行垫资给A公司，给B公司一定的付款账期！"这样两家公司都开心，经此策划，企业的规模像变戏法似的一下子大了起来。

虽然看上去很完美，企业规模做大之后，对外宣传也有底气了，融资贷款也更好聊了，但笔者认为老板还是要有清醒的认识，有必要考虑一下如表5-2所示的可能的风险。

表5-2　　　　　　　　可能面临的风险及应对措施

关注事项	事项描述	如何应对
虚开风险	因该公司未参与实际物流运输，但作为购入再销售的中间企业，对于货物的验收、交付的真实性，相应物流与结算凭据的取得与管理，还是要相当的谨慎。笔者就曾接触过这种"票单交易"，因合作的上游与下游串通，虚构业务、虚造运单，最终被认定为虚开增值税专用发票	对于交货真实性保持谨慎，必要时做好货单对应库存的盘点、验证，以及相关运输车辆、船舶、飞机等的真实性确认
利润考虑	在前述案例的业务中，毛利仅为万分之五，比较低了，尚不足以承担按交易额的万分之三计缴的印花税（购货与销货均需缴纳，相当于需缴纳两次印花税）	从财务的角度，可能并不宜只关注毛利，而是要看对公司品牌的影响、对业绩承诺的影响，有的时候还要综合考虑其他利益，这需要拓宽税务机关人员对于做这类生意的理解，而不是高高在上就事论事
资金损失的风险	先垫付资金给上游供应商，再延期向下游企业收款，此时可能存在收取的汇票有无法承兑的风险，或者产生无法收款的风险，这时的影响往往是难以承受的。笔者曾接触的案例中，企业因融资性贸易先行垫资，后面的款项无法收回，数千万元挂账，基本上就形成损失了	融资性贸易中的垫支风险要相当谨慎地选择合作方
融资性贸易	当下，政府主管部门已不再允许国有企业参与融资性贸易，其中涉及的风险、价值的体现，往往存在经营风险与管理漏洞，而且可能存在利益输送的问题	要注意行政部门等的监管要求

对于一个新的业务模式，老板想到的是它的商业价值，以及可能带来的品牌溢价能力，这样对外进行融资时就感觉有"实力"。但是，如果处理不好上面提到的风险事项，因为法律责任承担、经济损失的出现，项目夭折的可能性也很大。

笔者曾遇到这样的案例，某公司当初意气风发地引入了职业经理人，职业经理人也很有魄力，将原来企业的年度收入从二三十亿元做到了上百亿元。这效果是不是太明显了？当税务机关向企业追缴了已证实虚开进项大额的税款（进项税额不得抵扣），并将以涉嫌虚开增值税专用发票犯罪的名义将案件移交公安机关时，老板才重视起来，欲向高管问罪，结果高管回复说："业务都是老板您同意做的，我就是一个打工的人！"。再者说，当时引入高管的时候，也没有考虑这么多，分工上没有很明确，责任方面也没有签一纸文书。经济责任问题就不说了，老板还要为自身自由发愁呢！

作为公司的股东或实际控制人，本着合规经营，减少风险，同时也与高管划分清楚责任权利的原则，可以考虑一些表5-3所示的事前安排。

表5-3　　　　　　　　引入职业经理人的事前安排

考虑的事项	相应的安排	防范风险方向
风险隔离，各自负责，各自安好	明确分工，并不是最终由老板签字就说明全是老板的安排与责任，要形成会议纪要之类的证据记录；老板也大可不必事无巨细地了解、进行指示与签字确认，其不是要过程而是要结果，公司同时会有相关法务、财务、税务方面的风险，由相应的人员负责即可	有一些事项，老板们要承认自己是没有能力去——确认、躬亲办理的，所以用"白纸黑字"来明确相关方的权利与义务、责任与收益自然是合理的，老板不要糊里糊涂地成了"背锅侠"
利润分配要考虑税负问题	比如有的企业引入外部职业经理人时，约定了相应的分红比例，可是若职业经理人是通过偷逃税款的方式计算出来的利润，此时的偷逃税款的责任由谁承担呢？恐怕股东或法定代表人会或多或少地受到牵连，如承担大额补税、滞纳金与罚款的责任，甚至可能承担刑事责任	立场不同、出发点不同、风险承担因素不同，对于当下的责任、未来可能存在的责任的负担是不同的，至少要预设未来出现问题之后的责任的承担方问题
股东之间分工的问题	有的民营企业是单一股东或大股东负责制，基本上是"一言堂"，既管业务也管钱，出了风险时，老板也找不到别人来担责，自然由自己担责；稍有规模的企业，股东之间在做出分工时，就需要明确职责界限，后勤、业务、财务等要分清，比如若存在虚开增值税发票的事项时，是财务的过错还是业务的过错，需要分清职责	职责风险确定清晰、牵制管理利于防范风险，形成纸质的资料也利于"保护"各自的权利，极端情况下会"保命"

在企业的经营活动中，老板们往往需要股东（或者合伙人）、有不同领域专长的人员一起参与企业的决策、

运营、管理，在这些错综复杂的关系中，往往存在着一些被动的、不确定性的因素，这是老板自己不可控的，是外部因素所带来的。划分责任时可能存在"死要面子活受罪"的情形，感觉把责任提前规定得那么明确清楚，是不信任的表现，会伤了和气，这可能也是受传统文化的影响。现在来看，随着经济的快速发展、法制体系的日益成熟，"罪责相当"的底线思维已被越来越多的生意人所理解与实践，"亲兄弟明算账"，较多的案例经验与教训，应引起大家的关注了。

比如，有两个朋友一起设立了一个企业做生意，有一个股东想走"私账"不纳税，这样分的钱更多一些；另一个股东知道既没有明确赞同，也没有表示反对，最后在私账上就分了钱。试想如果税务机关查到此偷税事项之后，补缴税款、缴纳滞纳金与支付罚款时，两个人之间应如何分担责任呢？进一步看，如果没有按税务处理决定缴纳上述款项，还可能面临着逃税罪的刑事责任！如果不约定清楚能行吗？

5.5 给员工报销费用的违规责任如何厘清

日常业务当中，笔者发现，无论是国企还是民企，有时候会为员工报销一些费用，比如给员工报销家里的物业费、保暖费，报销一部分个人的通信费等，这部分报销可能还是员工一笔比较可观的收入。还有一些民营企业，让员工提供一些发票予以报销，抵减一些工资类的支出或福利，以达到减少个税缴纳、承担社保责任的义务。

对于国有企业来讲，其内部的工资薪酬发放标准往往是透明的，有内部或上级部门的规范性文件作为参考依据，此时我们可以对此作相应的分析，如表5-4所示。

表5-4　　　　　　　　　报销费用分析

类型	描述	风险及涉税处理方向
物业费、取暖费	需要员工拿着自家的缴费单据（发票）提供给企业，企业按照发票金额在额度以内发放该类补贴	多数情形下是员工真实的支出，少有虚开发票的情形，此类补贴多属于员工的个税应税所得（个别地区有税前扣除额度或标准） 在企业所得税上认为属于福利费的归集范围，并以此进行税前扣除的判断与计量，本质上提供这种发票没什么意义，最终检查时，涉及的是个人所得税的问题
通信费	多数情形下员工拿自己的手机缴费单据报销或者预存电信费用的普通发票进行报销	面临个税应税的处理（部分地区有税前扣除额度）；企业所得税前扣除上，有的地区认为属于福利补贴，有的直接认为不相关的费用不得税前扣除，形式与要求有差异

续表

类型	描述	风险及涉税处理方向
交通费	多数情形下员工拿着加油费的普通发票、出租车或网约车发票进行报销处理	多数企业计入了交通费科目进行核算,未计为福利费,此时同样面临着个人应税所得的判断与税前扣除的判断
套取劳务费用	个别情形下,可能一些企业存在以劳务派遣用工的方式支付"虚假"费用转作员工奖励的情形	虚假的劳务派遣、虚假的普通发票列账

国有企业的报销事项,发生的业务多数是真实的,发票抬头是开具给自己的(个别情形是让对方单位开具成报销单位的名称),又提供给单位报销。本来这个报销就没有什么价值,只是来举证说明这笔费用是发生在自己身上的,其核心是发放补贴,只要在个人所得税与企业所得税上的处理符合当地的要求,其风险基本上也就可控了。不过,部分情形下这些报销费用都没有主动地确认为个人所得。

相对于国有企业多数情形下合理规范的报销事项,民营企业中涉及报销的情形就比较多样了,比如老板公私难分的费用、高管有额度管理的报销费用、员工有定额的报销各种补贴等,此时不排除有的员工拿着开具为公司抬头的虚假发票来报销,这就可能存在较大的风险了。比如员工每个月可按2 000元定额报销一部分费用,多数财务要求员工提供普通发票,这里可能有超市开具的普通发票、网店销售的电子普通发票等,也有的是"买"的火车票、飞机票、打车票的情形,财务们处理这些发票往往比较头疼。有的财务总监曾提到:"我们公司的传统就是给高管每个月报销3 000元费用,也不好进行调整限制,更不好取消,得罪人啊!"此时明知道发票来路不明、不正,也不好禁止,员工也想着避点个税,多是出于这点诉求。其实对于公司来讲,都是愿意支付此笔费用的,只是公司承担了员工"避税"所带来的扣缴风险及发票虚列的风险。可能有人提出来:"上面不是提到有实际业务的情形下,基本上就是税前扣除与个税确认所得补税的风险吗?"是的,如果这些费用对应的发票确实是员工自己发生的,拿着这些发票来公司报销,其目的是基于规避个税的主观想法,此时在虚开发票的风险上是相对可控的,更多是存在补缴税款的风险,即认为自然人有虚假申报个人所得的风险,于单位而言,存在法定扣缴义务的风险;但若是员工取得的发票来路不正,是以"购买方式"取得的,此时员工可能在达到追责条件时,因此承担虚开的刑事责任的风险。建议公司不要协助员工或代理员工取得发票,至于员工提供的是不是真实的消费支出取得的发票,也不必进行调查取证。笔者推测,若是员工以自己实际支出金额来报销,其套利的期望并不大,员工多数情形下还是想得到现金，这时就不可避免地发生发票来源的瑕疵问题。

> 【例5-8】某企业拟发放年终绩效，有一些员工提出认为个人税负较重，希望公司给一个报销额度，减少一些税负的成本。老板也是比较心软之人，想想也是，给员工做个好事吧。于是就同意给不同收入级次的人提供不同的报销额度，比如张三报销额度为5万元，此时张三就找到了一个宾馆，一次性让其开具了一张49 500元的住宿发票（因为对方有一些不开发票的情形积累了较大金额的未开票空间），财务人员也凭票执行，既然老板都同意了，那就报销处理吧。

分析：对于一次性支付49 500元的住宿费，想必一般人看到都会打个问号，所以这类发票的真实性很容易引起怀疑。那么，在这一系列的决定当中，老板、财务人员与报销员工会分别面临着什么样的责任呢？很清楚，一是虚假发票由员工以非法手段获取的，是第一责任人；二是老板同意员工以发票报销费用，有帮助员工偷逃税款的嫌疑；三是公司财务有失职的问题。现实当中，有一些企业是这样报销安排的，一直也没有被检查到，结果从上到下习以为常，成了"天经地义"的事。笔者认为，作为财务总监也好，作为老板也好，需要考虑隔离自己的风险，提前设置好未来补缴税款的潜在义务为宜。但是，要考虑好员工离职后的成本承担问题，税务系统推送的风险发票的应对，甚至是员工举报的问题。提前让员工签订一份声明或者责任承担相关的文书似乎较为可行。至少让员工在报销的发票上签名（电子发票可在打印后签名）。这样，一是厘清责任，规避风险；二是防范虚假发票的泛滥。

5.6 本章小结

做生意挣不挣钱，是属于"钱"的事；因为某些违反行政法规的行为发生补税、罚款等情形，多数还是属于"钱"的事；但是若因某些违法行为的发生被追究刑事责任，则就不仅是"钱"的事了。在老板的眼里，可能认为税的事就是钱的事，跟做生意一样，自己主观随意调整，看行情与心情来缴税，即使出问题了大不了找关系解决。过去很长一段时间，这种思维是普遍存在的，在某些老板圈里也似乎成了一种"共识"。但是，从笔者观察与经历来看，自2021年下半年以来，特别是随着税收征管力度的强化，对于影视明星、网红，以及某些行业的高净值人群中不合规计缴税款行为的整顿与典型案例的曝光，已对公众产生了足够的威慑力。同时，对于中介服务机构的整顿，大幅度地减少了这方面的诱导与不合规或不合理的筹划安排。随着征管制度的强力完善与补充，也减少了地方招商引资中的"模糊操作"，某些地区税务机关的容忍度大大收缩，相关政策规范及事项安排增强了缴纳税款的刚性要求，同时也给逃避税的纳税人上了更多的"金箍"。另外，2022年下半年以来，在国家实施增值税留抵退税扶持经济的过程中，打击虚开增值税专用发票、追缴税款的行动也全面展开，企业所面临的行政责任与刑事责任方面的风险，日益紧迫，备受关注。

《税务部门推进新的组合式税费支持政策落地见效1—8月，全国累计新增减税降费及退税缓税缓费超3.3万亿元》（2022年9月15日，来源：国家税务总局办公厅）摘录如下：

针对留抵退税链条短、风险大、不法分子骗取留抵退税手法多等难题，税务部门坚持预防在先，充分运用税收大数据"严防风险"，及时精准发现并阻断风险。同时，坚持狠打骗退，精准监管护航政策落地。持续深化六部门联合打击工作机制，对于团伙式、跨区域和虚开发票等违法行为加大打击力度，做到精准打击、打早打小、严查快处，坚决不让政策"红包"落入不法分子腰包，坚决守护国家税款安全。截至8月31日，全国税务稽查部门已挽回留抵退税及其他税款损失

119.9亿元,已移送公安立案及联合侦办涉嫌虚开骗取留抵退税企业1 399户,联合打击虚开骗取留抵退税团伙200个。

诚然,做生意很难,特别是疫情之下,某些行业受到的影响比较大。但是现在,这些不应再是借口了,不能再"赤裸裸"地打国家税款的主意了。而且,现在老板们的认识与过去已产生了巨大的变化,比如已知道不能再随便找人开几张发票作抵税、税前扣除、提现等处理,也知道现在设立个体工商户以核定方式计税的难度越来越大了。未来,对于高净值、高收入的个人群体,税收的监管与征管力度只会越来越强,现在逃避的义务很可能被发现、被追缴,最终得不偿失。在这种情形下,作为一家企业之主的老板,既面临着生存的挑战,又面临合规的要求。在这种情形下:

一是求生存。

首先需要厘清一个观念,过去那种"筹划到极致的好日子"不会再存在了,就算自己敢做,估计也缺乏做的土壤与条件了。同时,我们也要知道,税收政策是相当繁杂的,税收优惠与纳税的计算方式同样很复杂,在这些既有的要素下,正当的税务优化当然可以进行,比如调整企业的架构与经营的类型,确定可适用的税收优惠政策等。另外我们也要知晓,在同一个竞争环境中，有相对的优势就会产生竞争力，企业应学会主动去拥抱新的税收治理环境，而不是不满、抱怨与无奈。

二是合规性。

笔者认为，我们要恰当地理解合规。就风险而言，安全是相对的，没有绝对的安全。笔者曾整理过一些涉税事项的地方性税务处理口径，发现就某一事项的理解确实存在着地方差异，这说明了合规中存在理解的差异。在成文法体系中，处理涉税问题，有一些合规规范是有绝对化标准的，而另一些存在着处理空间，理解的偏差可能会产生利益的差异，进而影响老板决策的方向，问题是如何让风险控制在可接受的范围之内。笔者曾与某跨国公司的法务总监交流，讨论经营中的风险与安全性的把握问题，他是这样理解的："企业经营中，从法务的角度，要时刻保持防御的警惕性，在某个时点上的安全不代表在未来同样安全，这种安全是动态的。广泛来看，任何企业的经营都是有风险的，不可能达到100%合规安全！"笔者认为，每个人的合规底线或有差别，如何做到在重大问题上保持谨慎，在细节问题上保持专业，需要分层级、分重要性来思考与应对处理。

总之，风险是无法逃避的，也是无法做到100%可以完美防范的。对于确定性的风险,决策对了,就剩下执行与落实的问题了;对于不确定性的风险,有必要借助专业之力,避开法律"红线",兼顾利益,保持警惕,与时俱进。时代不同了,解决问题的方向也要调整了,无论是态度、原则还是方法,都需要改进。

家族财富规划与资产安全性

这两年来，家族财富管理方面的议题屡见不鲜，各路专家频频亮相讲传承，产品也越来越多样化。回顾过去，自20世纪90年代以来，在市场化经济的大潮下，我国的民营经济取得了突飞猛进的发展，也为中国经济的发展注入了很多的活力与支撑力。而今，拥有一定财富的一代创业人多数到了交班的时候，但是，他们可能面临着很多问题，比如子女对承父业缺乏兴趣，还有的子女已移居国外，个别的还面临着复杂的家庭、婚姻关系。自己打拼了一辈子积累的家业，如何能够安全地、顺利地交接到二代、三代手中，既不能让二代、三代坐吃山空，又要考虑"富不过三代"的问题，以及避免因财导致的家庭矛盾的出现。同时，还要考虑经营风险隔离的功能，避免产生不必要的连带责任。这些事项，越来越多地成了家族当家人要考虑的头等大事。

比如，有的企业家所积累的财产中，遗留了没有依法履行完整的纳税义务的问题，尽管钱在自己的账户当中，但要注意的是，它并不一定是安全的，也并不必然是属于自己所有，即使顺利地传承给了配偶和子女，税务机关依然可以依法追缴所欠缴的税款。

《中华人民共和国民法典》规定：

第一千一百五十九条　分割遗产，应当清偿被继承人依法应当缴纳的税款和债务；但是，应当为缺乏劳动能力又没有生活来源的继承人保留必要的遗产。

第一千一百六十条　无人继承又无人受遗赠的遗产，归国家所有，用于公益事业；死者生前是集体所有制组织成员的，归所在集体所有制组织所有。

第一千一百六十一条　继承人以所得遗产实际价值为限清偿被继承人依法应当缴纳的税款和债务。超过遗产实际价值部分，继承人自愿偿还的不在此限。

继承人放弃继承的，对被继承人依法应当缴纳的税款和债务可以不负清偿责任。

第一千一百六十二条　执行遗赠不得妨碍清偿遗赠

人依法应当缴纳的税款和债务。

第一千一百六十三条　既有法定继承又有遗嘱继承、遗赠的，由法定继承人清偿被继承人依法应当缴纳的税款和债务；超过法定继承遗产实际价值部分，由遗嘱继承人和受遗赠人按比例以所得遗产清偿。

举例说明，某人因偷逃税款被稽查处理追缴税款，后来发现其已去世，并且已将财产分配给了子女，此时税务机关是可以向其子女就所继承的财产份额追缴上述欠缴的税款的。

当然，有的人提出来："一些在海外上市的互联网企业、餐饮企业的国内老板，在海外搭建了家族信托，成立了一系列的中间层公司，并将股票装入其内，他们的股票所得需要在中国缴纳所得税吗？"这个事情说起来就比较复杂了：

第一，在2019年（不含）以前，一些企业在海外上市的时候，先在避税地成立了上市主体，随后以直接或间接的方式将境内实体公司的股权装入上市主体，当时的个人所得税法没有反避税的条款，即没有法定的条款来规定就相关股权装入信托过程时的计税原则与税收征收的保护条款。该自然人在将其海外公司的股份"无偿"装入家族信托的时候，由于个人没有取得所得，也就没有对居民纳税人（上市时多为中国的居民纳税人）征税的依据。2019年开始施行的修改后的个人所得税法明确了反避税的条款，给了税务机关可以进行反避税纳税调整的权限，尽管当前反避税的细则还没有发布，但是方向确定了。另外，对于海外信托取得的所得或收益，也缺乏相应的所得认定标准与征管手段，由于上述的家族信托是依据境外的法律设立的，也不便要求对其进行穿透处理或要求其进行扣缴处理。这也难怪，某些富豪通过家族信托在境外减持股票变现，大手笔在海外豪购不动产，但未曾见其在国内缴纳个人所得税，这是因为其多是利用在海外搭建的空壳公司进行的处理，或者是通过家族信托这个不透明金融工具进行的收益分配处理。

第二，对于滞留或隐藏在海外的应税收入、所得，如何对取得应税所得的纳税人行使征税权，我国法律也在不断地推进与变化之中。这需要一个过程，包括认识的过程、调研的过程，从而完善实施征税权的可行性及方式等。

境内对于家族财富的管理，市场上缺乏有竞争力的、成熟的方式，仍是传统方式居多，比如有的子承父业，有的交给职业经理人进行运营管理。一代创业人多凭着吃苦耐劳、冒险的闯劲，完成了家庭财富的初步积累，其后慢慢地进入到了市场经济、法治化完善的阶段。创业难，守业更难，在二代、三代身上，可能就缺乏父辈的拼搏精神了，但后代们爱好与视野可能更为广泛，多数享受着花钱的快乐。因此，一代创业人在规划家族传承的时候，最质朴的想法可能是给后辈留下一些生活与产业的保障，同时希望家庭成员间能够团结互爱，避免产生不必要的矛盾，从而更好地延续自家的"香火"。此时，最基本的方式就是"以钱养钱""以房养钱"，这时就绕不开"信托""保险"等金融产品了。

6.1 是谁的钱、谁的资产

俗话说："天有不测风云"。下面的这个案例，或许会给我们带来很多的警示。

【例6-1】张三早年做生意，出于其对个人信息保密的需要，于是找到好朋友李四代为持有股权，平时张三顺利地通过李四拿到了经营分红的利润，与李四的关系也相对融洽，所以给了李四适当的"好处"。忽一日，李四的儿子打电话告知张三其父因病去世，张三在伤心之余，面临着如何将李四持有的股权转回的问题，比如找出之前转账给李四出资的凭据、双方的聊天记录等，但是若缺少直接有效的代持凭据，想要与李四的配偶与子女进行解释说明，恐怕会费一些周折。

对于这类代为持有、代管财产或资产的方式，民间较为多见，比如老板找员工代为办理公司、个体工商户等。此时建议要有明确的书面凭据，保留转账记录，如果可能的话做一份公证也是可以考虑的。说到计税规定上，对于代持股权的涉税管理，是认定法定持有人作为纳税人的，但这只是确定纳税主体的问题，并不代表取得的相关利益就属于代持主体。就利益关系来看，需要依民事法律关系中的规定及彼此的约定进行判断处理。另外，税法通常认为，在实际受益人取得上述"已纳过税"的税后所得时，按照"税不重征"的原则，不需要再计缴一次所得税，这样更为合理一些。

有的时候代持人没有将实现的利润或者"转移"出来的利润及时地转到受益人的名下，比如钱仍存放在代持人的银行私人账户内，万一涉及名义持有人家庭财产分割、病故等情形时，极可能说不清楚。有人说："为什么不及时地转到自己的账户中呢？"这里的情形会比较复杂，一是可能考虑到完全放在自己的名下，会受到关注，毕竟"人怕出名猪怕壮"，可能会担心经营中操作不规范的问题面临着一些潜在的法律风险；二是说不定实控人还让代持人再去做一些别的投资项目。若没有相应文书的书面确认，资产的安全性必然面临挑战。

在厘清财产关系、确定财产安全性之后，将相应的财产转移给子女时，要考虑传承的安全性。这里的安全性包括两个方面：一是隔离民事纠纷的风险；二是要注意财产合法性的问题，比如是否存在涉及偷逃税款、非法所得等事项。

可能有人会问："在代持的情形下，如何对自己、对代持人彼此均有保障呢？"现实当中或许有人采取公证、签订代持协议等方式，不过天下没有不花钱的好事，可以考虑在代持协议中约定"代持费用"，这样当出现需要确权的情形时，可以考虑以服务费争议的名义提出诉求。若只是单纯进行代持诉讼确权，由于此类情形较为复杂，确权等相关事宜的操作难度可想而知。

6.2 留给后代的钱应是"经得起合法检验的钱"

第一代创业人风里来、雨里去，经历了无数风险与坎坷，才积累起一定的财富，并希望将其安全、顺利地传承给子女，这也是人之常情。谁不希望自己的后代幸福、家庭和谐美满呢？但是有一个重要的问题越来越受到人们关注，就是这些财产（钱）是否来源合法、是否是合法完税之后的钱，对此需要说得清楚、举得起证。

曾计划于2022年3月1日起施行的《金融机构客户尽职调查和客户身份资料及交易记录保存管理办法》

（中国人民银行 中国银行保险监督管理委员会 中国证券监督管理委员会令〔2022〕第1号）提出：

第十条　商业银行、农村合作银行、农村信用合作社、村镇银行等金融机构为自然人客户办理人民币单笔5万元以上或者外币等值1万美元以上现金存取业务的，应当识别并核实客户身份，了解并登记资金的来源或者用途。

第十一条　金融机构提供保管箱服务时，应当了解保管箱的实际使用人，登记实际使用人的姓名、联系方式、有效身份证件或者其他身份证明文件的种类、号码和有效期限，并留存实际使用人有效身份证件或者其他身份证明文件的复印件或者影印件。

上面的政策真要实施了，其带来的影响绝对是巨大的，不过中国人民银行、银保监会、证监会后续提出：

原定2022年3月1日起施行的《金融机构客户尽职调查和客户身份资料及交易记录保存管理办法》（中国人民银行 银保监会 证监会令〔2022〕第1号）因技术原因暂缓施行。相关业务按原规定办理。

《金融机构大额交易和可疑交易报告管理办法（2018）》规定：

第五条　金融机构应当报告下列大额交易：

（一）当日单笔或者累计交易人民币5万元以上（含5万元）、外币等值1万美元以上（含1万美元）的现金缴存、现金支取、现金结售汇、现钞兑换、现金汇款、现金票据解付及其他形式的现金收支。

（二）非自然人客户银行账户与其他的银行账户发生当日单笔或者累计交易人民币200万元以上（含200万元）、外币等值20万美元以上（含20万美元）的款项划转。

（三）自然人客户银行账户与其他的银行账户发生当日单笔或者累计交易人民币50万元以上（含50万元）、外币等值10万美元以上（含10万美元）的境内款项划转。

（四）自然人客户银行账户与其他的银行账户发生当日单笔或者累计交易人民币20万元以上（含20万元）、外币等值1万美元以上（含1万美元）的跨境款项划转。

累计交易金额以客户为单位，按资金收入或者支出单边累计计算并报告。中国人民银行另有规定的除外。

中国人民银行根据需要可以调整本条第一款规定的

大额交易报告标准。

第十一条 金融机构发现或者有合理理由怀疑客户、客户的资金或者其他资产、客户的交易或者试图进行的交易与洗钱、恐怖融资等犯罪活动相关的，不论所涉资金金额或者资产价值大小，应当提交可疑交易报告。

比如有的钱来源于非法赌博、比特币等灰色产业务方面，或者来源于其他一些不明的渠道，当去银行办理存款时，银行都不一定收，所以有钱并不一定可以任性。也有的人认为自己可以带着现金去买房、买保险，大家要知道，现在使用现金的场景已经比较少了，去买房倒是有可能的，但是买保险还是要说清楚的，不然保险公司有协助"洗钱"的风险。或许有的人认为，我存放在银行的保险箱中，是不是就安全了？注意，这样只是自己保管的地方更安全一些而已，还是无法通过银行系统进行流动使用。总之，钱的来源合法性需要有合理渠道支撑，这样才能更好地在金融系统中进行传承、分割！目前来看，银行等金融机构对于可能涉及非法赌博、洗钱与电信欺诈方面的风险识别比较敏感，对于频繁的大额进出转账，很可能触及银行风险监控从而要求操作方进行说明。有的人说："我就把钱放家里，慢慢花吧！"这风险可就高了，比如面临被偷、火灾、货币更新等风险。

企业经营中，可以着重关注一下表6-1所示的风险事项。

表6-1 企业经营风险

序号	事项描述	关注点
1	持有投资、经营主体的分工	比如老板与亲属均在一个公司体系内投资、任职，在此情形下，一旦产生相应的风险就极可能彼此牵连
2	担保事项	运营当中面临企业融资的情形，不排除金融机构要求父母、子女共同进行担保的可能
3	公司事、家事边界划分清晰	比如本来是公司的事务，为了节约开支，很多活让家里人跑腿、帮忙，若涉及某些违规情形时就很难区分清楚关系。企业的事务就应圈在企业层面，很多人可能认为企业也是自己的，为自己家做点事并无大碍，但在法律上并不是这样简单理解的
4	合法财产提早安排	对于非常明确的有合法保障的财产（包括资金），要尽早通过恰当、合理、安全的方式分配给家庭成员，即便有一些费用成本发生，至少有一份保障是关键

6.3 财富传承方式的选择及风险

最近几年来，各类金融机构包括保险公司、私募基金管理机构、信托公司、银行业务部门，持续发力开发财富端的产品，其中包括投资增值类的，也包括家族传承类的，眼花缭乱，一时让人无法判断。比如有的私募基金通过朋友的渠道推销产品，"许诺"有20%的收益，真有一些人是动心的；还有一些近几年来买银行理财产品、买公募基金的，恐怕收益都不太乐观吧。还有一些打着包装上市项目的名义，向特定的高净值人士、企业家推销投资项目，让对方以有限合伙人的身份出资给合伙企业（名为基金），再对外进行眼花缭乱的投资。在各种高大上的宣传、广告，还有壮观的办公场所，加之某些"有头有面"人物的代言与"表演"当托之下，真的很容易打动人。但现实生活中，我们如何管理自己的预期，防范投资陷阱，防范投资诈骗；如何能够既有稳健的，又能有值得期待的投资收益，还能够符合未来的规划想法，需要进行特别谨慎的考虑。

表6-2所示即为多种投资产品的风险事项及涉税因素分析。

表6-2　　　　　　投资产品的风险事项及涉税因素分析

投资事项	投资收益风险	收益涉税因素
保险类产品	选择收益类的保险产品，比如一些收益率不错的寿险产品，也可以以保险置入信托。要选择有保障的保险公司，了解收益方面的约定，但要特别注意"保险条款"的"陷阱"，这里有专家协助就非常有现实意义了	保险赔款免个税，对于取得保险分红收益的所得部分如何计缴个税，现实当中未明确
理财类产品	比如银行的理财产品，当下也面临着较大的权益不确定性	理财产品收益如何计缴个税，现实当中未明确

续表

投资事项	投资收益风险	收益涉税因素
信托产品	信托公司发行信托融资产品,风险不可控,屡有相关信托产品爆雷的报道,投资风险自担	信托产品的收益如何计缴个税,现实当中未明确,但存在追税案例
私募证券契约型产品	投资风险相对不稳定,所宣传的收益预期很可能无法达到,在当前投资环境中更需谨慎	契约型产品收益的个人所得税问题已引起审计与税务部门的关注,部分机构已开始要求业务部门扣缴个人收益部分的个税
私募基金投资	投资风险更不可预判,由于投资项目、运营、财务、支出等方面很难做到透明,所以投资时仍需谨慎	如果投资后成为合伙企业的合伙人(一般为有限合伙人)或者是公司的股东,对应其所得的计税规则是非常明确的,不过亦面临着因管理人管理不善带来的损失风险
股权(股票)类传承	即将自己公司的股权转给子女来继续接班运营,或者让职业经理人来运营	一般不涉及税费的支出,需要区分上市公司股票与上市公司股权等不同情况
家族信托	其形式比较多样,比如置入不动产、股权(股票)、现金、古董字画、无形资产等,若是现金,多由信托公司打理,投资其所属集团内的产品;若是其他类的产品,多需要考虑通过一个运营平台来管理。家族信托的好处是由第三方来进行一些财产的保管与分配,对于子女较多、子女爱好不同的家庭,有利于提前防范一些利益矛盾的出现	信托收益分配给委托人或受益人时,如何计缴个税,尚未明确,现实中有因举报补缴税款的案例

有的老板说:"为什么不直接给子女开一个银行账户?把现金转给他们就可以了,多简单!"对于普通老百姓家庭,多数也是这样处理的,财产至多可能有房子、汽车、投资品等,直接分了就完了。若是一个有比较大产业或资产的家庭,老一辈家长就会考虑得多一些,多数人并不希望后代只是一个"消费者",而是希望子承父业,有相应的事业,有更远的未来,青出于蓝而胜于蓝。在中国的传统观念中,鲜有将所有的财产捐赠给公益事业,让儿女白手起家打拼的情形。

家族信托作为舶来品,在国外一些发达国家有着较为成熟的法律体系来规范,并且可信任度较高。尽管不排除有国际环境、局势的潜在风险,这两年,家族信托在国内越来越受到高净值人士的关注和使用,其对于避险、传承等均有相应的法律保障。近来,企业家以股票、股权等财产注入家族信托的情形越来越多,这是一种区别于货币的非标准化的产品,具有极高创新性,有很多的应用场景。目前,国内的家族信托是可撤销的(有期限或条件的约定),从这个角度看,很多老板也能接受。在此过程当中,也可以考虑嫁接一些慈善方面的安排,体现传承的社会价值与公益价值。有人担心,钱或资产给了信托,相当于被人拿走了啊,万一被贪污、被挪用了怎么办?加之一些信托公司发行的信托产品的爆雷事件,很多人对于信托公司持怀疑态度。其实，这里的信托产品与家族信托是不一样的，前者是投资理财的属性，存在挣不到钱甚至亏本的可能。而家族信托主要的风险点在于信托公司对于信托账户资金的投资活动，这也是存在投资风险的，不排除本金亏空的可能，出现家族信托被清盘的结果。因此一些企业家改变装入财产的形式，将资产置入家族信托，并进一步安排由自己进行资产的运营或管理，同时设置好向受益人分配的条件，并配置了监察人提供相应的风险管理服务。

这时有人会问了："信托能避税吗？"

上面的问题主要出现在信托收益分配给委托人、受益人的时候，此时容易面临是不是应税所得、如何计缴个人所得税的问题。这个问题确实比较敏感，而且也不好给予明确的"能"或"不能"的答案。但我们又观察到，某些金融机构的宣传、中介机构的培训或自媒体的文章、视频中，言之凿凿地宣称："不纳税""没有征税的依据"，有的公司介绍当中还有包含"税务筹划家族信托"等类似字样的宣传用语。笔者认为，"不征税"的结论，可能源于这样的理解：其一，法无规定即可为，既然没有明确信托收益是不是应税所得类型，则不能征税（不是免税）；其二，若从投资收益的类型来看，个人在二级市场买卖股票是免税的，取得国债利息是免税的，因此是不是要体现公平性，划分清楚底层投资不同的所得进行征税呢？

笔者认为，简单地定性家族信托具有避税功能，这个理解是片面的、不恰当的。但确实有一些细节需要界定清楚，规划好边界风险。

首先，笔者认为，政策不明确，这是现实，由此引发争议是正常的。比如张三去税务机关大厅咨询："请问我投资的契约型证券私募基金有分配收益了，要不要缴个人所得税？"笔者认为，估计甚少有人会明确地回复："不征！"当然，如果自己要缴，选择一个所得类型也极可能会缴进去，但不排除有的地方内部口径会明确一下，比如对于理财类产品，在财政部、国家税务总局未明确之前，暂不进行所得的明确与个税征收。这是要考虑到政策口径的一致性，避免产生执法风险，在这种情形下，不排除有的地方认为暂不缴纳，待政策明确后执行。

其次，从未来趋势看，当这些事项多起来，问题也暴露出来的时候，就到了政策快明确的时候了。笔者认为，在征税的预期下，需要考虑新政策仅对未来适用还是一并对过去进行追溯，需考虑所得类型的细化，利于清楚的核算、征管的便利、责任的界定。

最后，可能有人提出来，既然家族信托的税收政策有不确定性，为何不去新加坡等地设立家族信托呢？确实有过一些富豪在境外设立家庭信托的样本案例报道，境内也有一些高净值人士跃跃欲试，但是，因为外汇、利益转移路径等问题，要特别注意这其中的法律风险。

6.4 关于家族宪章方面的尝试

笔者最近读了一本书，书名为《家族之根——打破富不过三代的禁锢》，这是一个很有意义的探讨主题。在前述的内容中，我们更多地聚集在了家庭已有财富的规划与传承上，这其实是一种比较单一的、守财的想法，当志存高远之时，需要考虑的是家族的兴旺、后代不同的发展空间与成就实现，对于上一代创业者还在运营的业务，让有能力、有兴趣的后代继续经营，也算术业有专攻。观察可知，绝大多数的民营企业有着鲜明的老板或其家庭的个性化特色，一个人决定一个企业不足为奇，真正放手"托管"给职业经理人经营的比较少。这跟中国数千年来的文化背景有关，也跟老板个人的理念有关，比如有本领的人希望自己"另立门户"，有"宁为鸡头，不为凤尾"之类的观念。同时，在信任度方面，历来也普遍缺乏一些契约精神，对于有实业的企业家来讲，可能首先想到的是子承父业。某60余岁的企业家，经历了两次婚姻，前段婚姻的儿子35岁，后段婚姻的儿子只有2岁，尽管该企业家感觉自己还正当年，可以继续打拼，不过疫情之下，大家也知道，无常事多，有的企业家突然病故引起财产争夺的案例也有报道，认为是应该提前做一些安排，防患于未然。比如可以让大儿子参与企业的经营，培养接班的能力；小儿子在未成年的时候，由企业家自己代为持有或掌握一部分资源，以利于未来的调整安排，比如关于控制权、管理权的设置，可以考虑以有限合伙企业的架构配合家庭宪章方面的约定实施，而在利益分配方面，可以搭配一部分家族信托的安排。笔者发现，现在的企业家们也比较开明了，提前讨论、安排传承之事，也不再感觉是不吉利的事了。当然，或许有的企业家还在找更好的办法，试想，"天下没有免费的午餐"，没有最好，只有更好。

家庭宪章并不具有外部的法律效力，更多的像是一份契约，因为它本身也不是遗嘱分配，只是家族成员彼此之间确定的协调规则与利益平衡规则，代表着老一辈企业家对家庭和家人的照顾与期盼。不过这暂时是一份理想化的安排，所有的约定是随着时代、人员的变化而变化的，比如当儿女的儿女长大了，当社会的发展淘汰、更新了某些产业的时候，原有产业的价值会随着时代的发展而慢慢地改变，自然需要后一代子女的创造力来重振家族，百年企业，谈何容易。家庭宪章本身的功能，更多的是打好基础，做出引导，同时尽量减少矛盾的产生。

笔者近期经常读到一些宣传类的文章，也有一些机构的公众号发出的产品宣传，宣称能为企业家提供相应的家族财富之类的服务，看起来非常完美并充满诱惑。这种宣传本身也是一类陷阱，需要企业家们谨慎了解，注意风险的接受度。比如当你的资金投入后，就成了金融机构投资的本钱，风险当然要考虑好。

首先，需要"量力而行"。有的企业的资产规模比较大，有的就相对比较小，很多文章宣传的诸如李嘉诚等的财富管理模式，不代表会适合多数的企业家，因为很多企业家的财富规模、企业规模不在一个等级上，面对的资源、未来的规划都是存在差异的。

其次，需要"贴近现实"。有的人士被鼓动着去新加坡等地设立家族办公室，殊不知在操作外汇时，面临着很多的实施困难、政策限制，成功的可能性并不大。与那些在海外上市中已完成海外资金布局的人士相比，这些盲目从众人士的基础条件就存在差异。另外，有的产业本身离不开境内的市场红利，所以想当然地认为可以"自由地飞翔"是不现实的。

最后，需要了解"中外差异"。境外的所谓的避税方式，在境内很可能就是违法的，此时企业家会面临调整成本、管理方式的差异。比如进行股权架构的调整，在国内的实施程序与征管要求就会更有特色。

6.5 做好"拨备"准备

一些涉税风险的应对，不是在风险发生后依靠专业的税务专家、律师的应对沟通能力，而是要在光景好的时候做好坏账拨备，即一定的坏账准备，减少自己的预期，做好补救的储备。

笔者曾经认识一位跨国企业的税务主管，其说过一句很有价值的话："有一些税务风险，是很难在当时做出对与错的判断的，对于存在补税风险的事项，此时就可以从计提准备的角度，做好可能进行补税与补交滞纳金的准备！"这种未雨绸缪的做法，笔者认为很值得借鉴。比如当税务机关作出处理决定要求补税的时候，依据《税收征管法》的规定，纳税人是需要先行补缴完税款之后，才能进行相应的法律救济，试想若没有相应的拨备准备，自己的权利很可能就会受到影响，甚至无法实现。有的人说："对于可能存在补税风险的事项，当时就直接缴税，把风险即刻就排除掉！"这也是一种应对与管理风险的方式，笔者曾遇到过这样的企业家，公司业务发展良好，收入用现款结算，整体发展处于行业前列,那不妨就按照上述方法处理。记得有人说过:"钱挣得太多了,达到一定的程度就是数字了。"但大多数的企业家,还活在生存线上。某些补税风险是有转化概率的,或因为政策明确,或因为稽查人员的判断,这类风险存在挽救不需补税或者减少补税的机会,所以,对多数企业来讲,这类风险利益是有补救争取价值的。

"拨备是不是就是存一笔款项在银行之中以备急需之用?"并不一定是这样,对于兑现比较好的一些投资类产品,比如保险产品、贵金属等,有一定的投资价值,且其价值波动性相对不大。而若投资一些私募基金、不动产方面的拨备,其变现的便捷性就会大打折扣。

还有人会提出来:"这些拨备的款项从哪里来呢?"这就需要细水长流,日积月累,因为税务风险发生直至补税,是有相应的概率的,自己过去所提前设想的可能存在的税务风险,也不太可能每一件都会发生,基于此,这种风险就成为了一种随机性的事项,即有了发生的概率,此时用那些有着相对风险的事项对应的利益所积累的拨备,来应对某一些有风险转化率的事项,也算是居安思危。

很多事情其实是身不由己的,人在乐观的时候,往往会产生一些自负的心理，认为很多事项是自己可以控制的。笔者这几年看到了一些关于涉税争议的案例，甚至有的走到了刑事处理的环节。在某些案例当中，有的企业确实是因为自身现金流较好，有自救的机会，才得以继续下去。

6.6 本章小结

相信父母对子女后代的爱，是真诚的、无私的，同时也充满着热切期待。而现在，有的子女已经开始走向舞台，开启了他们子承父业的篇章，在不需要考虑温饱方面的问题之后，子女们的爱好与兴趣也向着多元化的方向发展，所以也有子女在其他领域找到了他们新的天地。但我们也时有耳闻豪门恩怨，父母、子女间反目成仇、对簿公堂者不乏其人。金钱带来了幸福，也带来了风险。在财富管理及传承方面，对于一代创业人来讲，这相当于自己的第二次"创业"，而其服务的对象就是与其有血缘或社会关联关系的人、财、理想。

我们发现，每个企业家都或多或少地有自己的过人之处与成熟的认知，人生的经历也较为丰富多样，不过，在处理专业事项的时候，或多或少存在着一些盲区。就比如税法方面，有的人就存在着普遍性的认识短缺，在处理相关事项的时候，往往认为许多税款就不应该缴，缴了就吃亏。笔者认为，这种传统的观念，随着这几年税收征管全面展开与实施力度加大，税收征管信息化的功能持续发力，涉税合规化的理念必将深入人心。法制的健全与征税的有力，强制性地促使个人与企业的合规性改变。

在涉及家族财产管理与配置的时候，由于明显涉及个人的利益问题，不同的家庭成员之间难免有不同的想法，父母之间、父母与子女之间、子女之间等，都可能存在各自的打算，加之每个人在家庭当中的位置不同，身处的环境也有差异，比如有的长居国外，有的婚姻较为复杂等，人人都满意的完美的解决方案是不存在的，能够敲定相对安全的满足预期的方案，其实已经是很不错的结果了。

近期笔者也发现，有从事家族信托的销售人员，频频在朋友圈宣传有人因为设立了家族信托，拥有了对财产的分配权，所以儿女表现得多么孝顺、多么可亲。这固然是一幅非常温馨的画面，但是寄望以这样的一个产品来完美地达到这样的结果，想必是将生活想得太简单了，还是需要多方面的考虑与投入。信托产品固然设置了比较好的受益人模式，但是对于相关资金的使用，比如投入一笔资金后，相关的产品投入到了信托的投资当中，出现的风险很可能就是不可控的，因为这种投资是不保底的，在投资行情不好的时候，亏掉都是有可能的。还有的高净值人士自己买了份保险，很可能因为突发意外离世，结果子女对这份保险毫不知情，最终成了无人管的财产。这些情形说明，要有充分的警惕性，世上没有那么完美的保障能一心一意守护你，必须自己有所掌控，有所防范。

但愿，在爱的力量下，让合法的财产，美好的家风，通过有效的规划，能够完美地传承，达到可预期的家业长青、后代百花齐放的盛景，也不枉企业家一世的打拼。

后　记

之前笔者的书往往写得比较厚，内容比较多，本次想调整一下方向，写一本比较轻松的随笔性的图书，于是就隔三差五地写一部分，主要是每次想到一些有意思的议题，就进行一些梳理与扩展，希望能够在面对比较复杂的税务问题时，让读者丰富一下自己的知识，增强一些预判力，提供可借鉴的思路（不过专业性的用语还是有的，希望以后有机会继续优化写作风格）。

在写作的过程当中，我们也终于走出了疫情的至暗时刻，经历过此阶段的人们有了许多对于生命、对于社会、对于精神方面的新的思考。笔者认为，很多事情，只有自己经历过，才能感觉到它的真实，才不是纸上谈兵。至少每个人的风险意识会有所改变，对于家庭的责任感也会不同，顺风顺水的日子过久了，可能会想当然地认为一切的平安、幸福都是正常的，人们的期望值也是比较高的。经历了三年疫情，企业家面临着经营上的巨大压力,在这种情形下,防范陷阱、守住合规底线,依然非常重要。希望还在,我们要充满期待地展望未来。

在写作内容方面,笔者部分结合业务知识内容,部分结合自己的观察及案例总结,表达了一些个性化的观点,但受限于从业阅历与知识理解,只是一家之言,仅供探讨。另外相关案例,若有雷同,纯属巧合。

对外,站在企业家的角度,有自己经营的努力及对合规纳税的风险边界把握,面临经营风险与刑事风险。对内,有自己的家庭责任,以及对于家庭未来的展望。要处理好各种各样复杂的关系,有一定的物质基础是必须的,在此基础之上才能有更好规划。而这些零零散散的内容,在本书中或多或少地进行过探讨,至少让大家有一个可以参考的观点吧。

心存阳光,就会灿烂。愿文字传递美好!